# 戦時下の一宮　くらしと空襲

森　靖雄

人間社

# はじめに

本書は、愛知県一宮《いちのみや》市の第二次大戦末期における空襲爆撃被災（以下、戦災）記録である。筆者がこの本を書くことができた経過は、「あとがき」で述べるが、関係者各位のご協力で得られた文献類や図書館、資料館などの資料、および筆者自身の体験と記憶によって、可能な限り「戦災前後に筆者の身辺で起きた事実」を記録するものである。

ただ、「記憶」は、時間が経つほど変化したり、後付けの情報が加わったりしやすい。本書では、「不確かかもしれない」内容は極力避けるが、なお、紛れ込む可能性がある。そこで、後述するように、少々堅苦しくなるが、検証可能な参考文献に関しては出典を明示し、筆者自身の記憶による記載箇所はその旨を明示する。

記載する内容は多岐にわたるので、最初に本書で述べようとする内容の概要を紹介し（第一章）、次いで舞台となる「一宮」とはどういう町であったかを概説する（第二章）。以下、国民学校時代の小学生教育の概要（第三章）、一九四〇年代前半の一宮中心部の生活状況（第四章）、一宮空襲直前一年間ほどの家族の実情（第五章）、大空襲当夜の状況（第六章）、一九四五年後半のいわゆる「焼け跡ぐらし」の状況（第七章）、占領を機に始まった教育制度改革による市内各学校の変化（第八章）、一九四五年から四六年へかけての「闇市《やみいち》時代」

から「ガチャ万時代」を経て、一宮経済の復活と市を挙げての平和への強い願いを略述する（第九章）。各章内でとりあげる事項は、記載内容を識別しやすくするために、それぞれのパラグラフ文頭に小見出しを付した。また、文章の流れから外れる事項や、短文で完結できる内容で、特に書き残したい事項は、「コラム」の形で随所に挿入した。

本書の実現には、「半田空襲と戦争を記録する会」の佐藤昭夫氏や、一宮市立中央図書館、一宮市博物館、ピースあいちなど巻末に一覧掲示した各位や各機関に格別お世話になった。そして、二〇一二年に『いまだから伝えたい戦時下のこと 大学教員の戦争体験記』の出版に続いてお世話になった樹林舎の折井克比古氏と、同社野村明紘氏のご配慮を得て本書をまとめることができた。とりわけ野村氏には、編集上の相談のほか、本書中に使用した写真の収集や撮影にもご協力いただいた。また、一宮で戦災犠牲者の慰霊活動を続けておられる一宮市戦災遺族会からも資料のご提供を受けることができた。同会の野田清一会長をお訪ねしたら、筆者の生地と同じ町内にお住まいで、学校の後輩、筆者の弟と同級生であったというのも奇縁であった。

ちょうど初期の資料収集が一段落したところで、新型コロナウイルスの世界的流行が始まり、二〇二〇年四月下旬から移動を自粛するよう呼びかけられるようになった。加えて、日ごろは病とは無縁と思っていた筆者自身が、動脈手術などを複数回受ける事態に陥り、いっそう外出が難しくなった。そこで、かねてから一宮の図書館によく出入りしていた一宮在住の弟（森照雄。本書で「生後八カ月の幼児」と記載している）に協力してもらい、おもに図書館で不足資料を収集した。

文中では、こうして集まった九十点余の文献や資料を引用あるいは参照させていただいた。それらに関しては、巻末の「参考・引用資料」一覧表の資料名の行頭に文献番号を付し、引用文献に関しては引用箇所の後に〔参10〕のようにその番号を記載する。後日の再調査に役立てば幸いである。

なお、筆者自身は、一九三五年七月、一宮市本町通り六丁目（旧仲ノ町。現本町四丁目）の生まれで、小学校（当時は国民学校）四年生のときに同所で戦災に遭い、空爆の下を逃げて生き残り、焼け跡整理を手伝いながら戦災直後もほぼ同地で過ごした。二十代の中ごろまで同地でくらし、一宮の傑出した郷土史家であった森徳一郎氏に師事しつつ、郷土史研究仲間と一宮青年史談会（のち一宮史談会と改称し、「一宮史談会叢書」発刊事業などにあたった）で活動していた。その後、仕事の都合で一九六〇年に一宮を離れたが、一九八五年から知多半島に戻り、十五年ほど前からは『愛知県史』の編さんメンバー（近代・産業経済担当専門委員）にも加わって、愛知県の近代史研究の末席をけがしてきた。本書が、記録の空白を埋める一助になれば幸いである。

# 戦時下の一宮　くらしと空襲

## 目次

# 第一章　一宮大空襲の概要

# 一宮市への空襲

## 「一宮大空襲」と呼ぶ理由など

本書では、一宮への空襲について、「一宮空襲」「一宮大空襲」と二種類の呼び方をする。愛知県一宮市は一九四五年七月に比較的大規模な爆撃を二回受けた。それを合わせて呼ぶ時には「一宮空襲」と記載し、そのうち市街地の大半を焼失した二回目の爆撃を指す場合は「大空襲」と呼び分ける。筆者が罹災《りさい》したのは二回目の爆撃であった。本文ではそれぞれ記述するが、大半は「一宮大空襲」について述べることになる。そのため、わずらわしさを避けて単に「空襲」と呼ぶことがある。

「空襲」には爆撃以外に艦載機による機銃掃射《きじゅうそうしゃ》被害などもあるが、艦載機による攻撃は市内でも局所にとどまったため、罹災者の多くは「空襲に遭った」と「爆撃に遭った」を同義に使用していた。本書で使う場合も同じ意味だと理解していただきたい。「罹災者」に関しても、今は「被災者」と呼ぶことが多いが、当時は「罹災者」「罹災証明」の用語が使われていたので、原則として「罹災」の用語を用いる。

なお、『平和の祈り　一般戦災慰霊の記録』〔参14〕によると、同書発刊当時の一宮市域は五回空襲を受けているが、本書では一宮市が空襲に遭った一九四五年を中心に取り上げるので、当時はまだ一宮市域に属さなかった三カ所については省略した。

また、一回目の空襲に関しては、「七月十二～十三日」「七月十三～十四日」と二説があったが、「七月十二日」で決着したと判断できるので、本書では「七月十二日」説を採用する。二回目の空襲に関しても「七月二十七～二十八日」「七月二十八～二十九日」の二説があり、筆者も筆者の母も「七月二十七～二十八日」と記憶していたが、この二説に関してはコラム「一宮大空襲はいつだったのか？」で紹介し、本書では現在定着している「七月二十八～二十九日」説に拠って記述する。

時間の表記に関しては、いちいち午前・午後と書くのはわずらわしいのと、当時は二十四時間制で数えることが多かったので、本書では二十四時間制で記載する。

## 「一宮空襲」の経過

一宮は一九四五年七月十二日の夜、最初の爆撃を受けた。その前年から再三にわたる名古屋空襲や半田空襲などを見聞していたので、「一宮も空襲を受けるのは近い」という予感はあったが、当時、それを口に出すことは「敗北主義者」として「特高《とっこう》に引っ張られる」（思想犯を担当する特別高等警察が国の秩序を乱す行為として有無を言わせず取り調べたことをいう。実際にはある程度の法的手続きはおこなわれた可能性もあるが、当時多くの庶民は無条件で拘束されると思っていた）危険性があり、あまり大っぴらに語れる雰囲気ではなかった。空襲自体は恐ろしいことであったが、現実に我が家や近隣の家々でも、大半は身内の誰かが戦地や軍需工場へ行っていたし、町内から愛知時計の空襲で亡くなった人が出たこともあり、口外するかどうかは別にして「危険が迫っている」可能性は感じざるを得なかった。

したがって、最初の空襲に驚かなかったわけではないが、それよりも「いよいよ来たか」という感じの方が強かった。しかし、この空襲は、どうしたわけか、市の北部と東方の、市街地のはずれと農村部が集中的に爆撃され、市街地の住民から見ると攻撃目標がよくわからない結果に終わった。我が家でも、いったんは逃避したが、模様眺めをしている間に静かになり、雨が降り出したこともあって、「まだ来るかもしれない」と言いながらも帰宅した。こういう攻撃になった原因は、一言でいえば米軍が攻撃目標を見誤ったということのようで、二回目の「大空襲」も一回目と同じ部隊に攻撃命令が出された（237ページ参照）。いわばやり直しであった。

## 一回目空襲から二回目空襲まで

市街地中・南部の住民にとっては、一回目の空襲が結果的に予行演習的な効果を果たした。皮肉にも、この「予行演習」で学んだことは、「いかにして消すか」よりも、「通常の火災とは規模が違うようだ（火叩きやバケツで消せる規模ではない）」「逃げることが大事だ」ということであった。少なくとも「女・子どもや年寄りは早く逃がせ」という考えが広まったように思われる。「真っ暗な中で避難物資を整えているようではだめだ」という知恵もついた。

一宮市の焼失地地図（『戦災復興誌 第7巻』〔参1〕より）

そうした伏線の上で「また来るに違いない」と言い合っているところで、七月二十八日夜の「大空襲」を迎えた。爆撃で焼失した地域の状況は、『戦災復興誌 第七巻』〔参1〕に「一宮市罹災状況図」として、前ページの図版のように示されている。

戦後明らかになったところでは、この大空襲の数日前に、市街地の一部に、当時「伝単《でんたん》」と呼ばれた、248ページに掲載したような米軍の宣伝ビラが撒かれ、一宮を含む十一の地方都市が名指しされて、「近く爆撃する」ことが予告されていた。

## 一宮大空襲

二回目の空襲は、七月の「二十八日午後十時頃」〔参1〕から始まった。筆者自身は熟睡中に大音響で目覚めたので不意打ちであったが、後述する母の体験記などから見ると、警報は出ず、突然爆撃が始まったようである。今回も前半はおもに市街地の北部からであった。戦災直後に自分たちの家も全焼した焼け跡で「大乗町《だいじょうちょう》がひどくやられた」と言い交わされていたので、現在、戦災慰霊碑が建てられている大乗公園付近が初期の重点的な被爆地であったのかもしれない。

まもなく家の前は、灯火管制下で暗闇ながら、火災でかすかに明るく見えるなかを逃れる人で混雑し始めた。今ふうにいえば「戦火から逃れる難民の逃避行」そのものであった。我が家の周辺で幅が広い南北道路は、百五十メートルほどの間隔で並行している公園通り（途中から新柳通り。通称名岐国道）と本町通りしかないので、本町通りは主要避難路のひとつであった。我が家から見れば、空襲は北の方から始まったので、逃避する方向は南下である。

二十八日の二十二時ごろに始まった爆撃は、二十九日の二時ごろへかけて、最初は市街地の北半分を、次いで南半分を、舐めるように焼き払って終わった。戦後の研究で明らかになったところでは、この時に来襲したのは大型爆撃機・B29二百六十機で、数機から十機ほどの小編隊を次々と送り込む「波状《はじょう》攻撃」によって焼夷弾《しょういだん》を投弾し〔参6〕、一帯をくまなく破壊もしくは焼き尽くす「絨毯《じゅうたん》爆撃」という攻撃方式でおこなわれた。日本の多くの都市が受けたのと同じの非常に計画的な攻撃形態である。

それぞれの編隊は、市街地上空を数回旋回しながら焼夷弾や爆弾を投下したが、地上から落下が目視できる焼夷弾の投下状況（詳細は237～238ページ参照）でいえば、編隊ごとに目標地域があったようで、何回か旋回しては同じような場所で投下していたように見えた。そのため、市街地は一斉に燃えたのではなく、時間をかけて、ほぼ真清田神社を挟んで北部・南部と二段階に攻撃された。その過程で、意識的だったのかどうかはわからないが、市街地周辺の農村地域にもあちこちに投弾していった（注）。

（注）『米軍資料 日本空襲の全容 マリアナ基地 B29部隊』〔参6〕218～219ページに「訳者注」として次のように記載されている。「7月27～28日夜間、B29は、青森、西宮、大垣、一宮、久留米、宇和島、長岡、函館、郡山、津、宇治山田の中小都市と東京を爆撃するとの予告ビラを散布した。（中略）その一昼夜あと、予

告された11の中小都市のうち、津、青森、一宮、宇治山田、大垣、宇和島の６都市が爆撃された。（以下略）」

この注記には、「予告ビラ」（伝単）の散布地域は記載されていない。当時、この種のビラが散布されることがたびたびあり、警察や学校から「騙《だま》されるな」「見るな」「すぐに警察に届けよ」と厳命されていた。このビラの内容が当該地域の住民に伝わっていたかどうかは確認できないが、仮に一宮などに散布されたとしても「デマ宣伝」として真に受けなかったと想像される。少なくとも話題にしたり他人に伝えたりすることは、利敵行為として厳禁されていた。

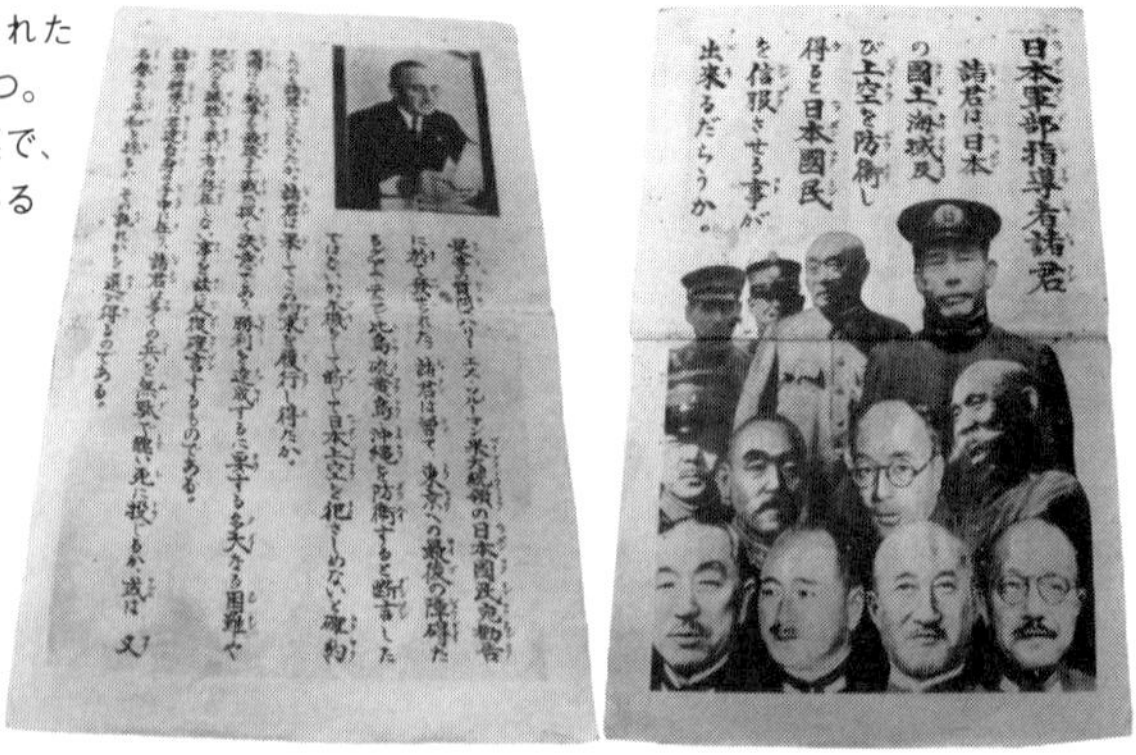

一宮郊外に撒かれた「伝単」のひとつ。右が表、左が裏で、問答になっている
（一宮市博物館蔵）

コラム

## 本書で取り上げる「一宮」の範囲

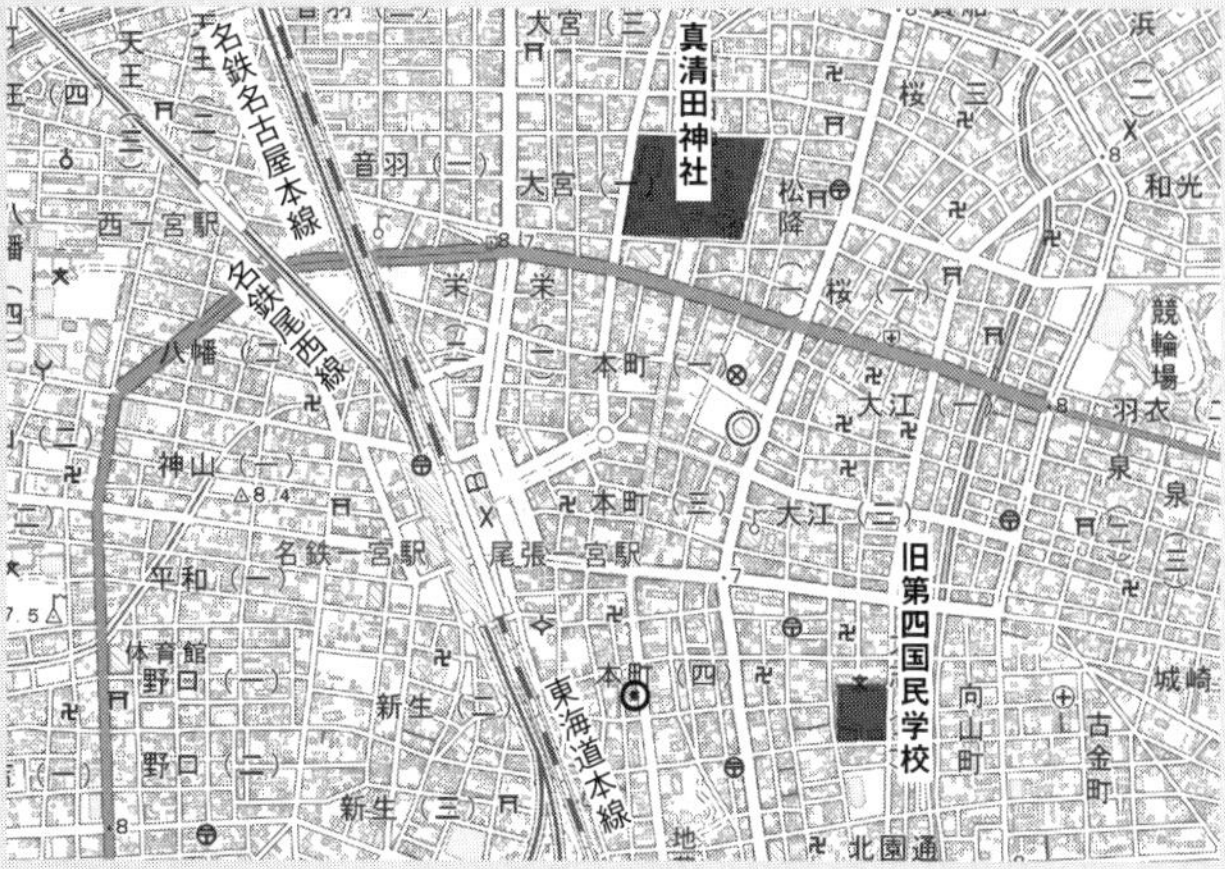

一宮・本町通り周辺市街図（国土地理院「電子国土 Web」より作成）

一宮市も市町村合併でずいぶん広域になったが、本書で「一宮」「一宮市」という場合、一九四五（昭和二十）年当時の市域を指す。おおむね「旧一宮市街地」と葉栗、西成地区である。したがって記述する対象範囲は、真清田神社（地図中、上の網カケ）を中心とした半径約二キロメートル前後のほぼ円形の範囲内である。（下の網カケは文中にしばしば登場する第四国民学校＝現大志小学校の位置を示す）

そのうち、我が家は、市中心部の南北をほぼ直線状に一キロメートル余りの商店街が連なる「本町通り」の、六丁目（当時、一～八丁目に区切られていた）ほぼ中央西側に店を構えていた。本町通り商店街としては南端に近く、詳述する「大空襲」でも七丁目までは罹災したが八丁目はまぬがれた。したがって罹災地域としても南端に近かった。本書で「体験」として述べるのは、そうした位置の家で罹災した体験である。

文中にしばしば登場する地名の位置関係は、上の図のようで、筆者の被災場所は、同図下方の〇印である。

## 「戦時下」という時代

### 一宮空襲の記録と研究

一宮の空襲(爆撃)に関しては、(一)当時の役所や行政関係者の記録、(二)体験者の手記類、(三)少数ながら研究論文、(四)県・市史類にまとめられた記録、の四群がある。それに関連しそうだと思われた文献も含めて、収集もしくは閲覧できた参考文献は、巻末に付した九十点余りである。

一宮には、「戦災に特化して長期にわたって活動した研究組織」はなかったようで、戦災全体を体系的にまとめた文献で印刷されたものは、『戦災復興誌 第七巻』〔参1〕と『新編一宮市史』〔参12〕の関係箇所である。攻撃した米軍側の資料を発掘・翻訳した『米軍資料 日本空襲の全容 マリアナ基地B29部隊』〔参6〕も広く利用されているが、一宮の空襲研究にとっても欠かせない資料である。ほかに罹災体験者の手記を集めた資料としては、一九七二年に一宮市の社会福祉事務所が公募して、孔版印刷で発刊した『空襲・戦災の体験記』〔参5〕と、一宮市立中部中学校の一九五三年三月卒業生たちが同窓生の体験記をまとめて発刊された『子どもたちに伝えたい一宮空襲と戦争の記憶』〔参64〕の二点が、まとまった資料である。手づくり資料ながら、一宮市の「第二次世界大戦々災資料調査書」〔参2〕、一宮高等女学校の「戦災復興史資料」〔参3〕、犬飼忠雄氏による「一宮空襲のあらまし」〔参4〕、第一国民学校長・

第二国民学校長による「被災報告書」〔参7〕も得難い資料である。第四国民学校卒業後二年目に戦災に遭われた同校昭和十九年卒業生有志がまとめられた戦災の体験記録『一宮の空襲を語る』〔参57〕も資料集的な内容で参考になった。

そのほか、個人的記録としては、空襲時前後に一宮市長であった吉田萬次氏の『戦災餘談』〔参8〕や、戦後長らく市長を務められた伊藤一氏の『市長おぼえ書き』〔参9〕、松本勝二氏の『公木萬記 第二集』〔参16〕や『史録いちのみや』〔参17〕、一宮市遺族会青年部の『たまゆら 父の遺稿集』〔参19〕、『私の戦争と平和』〔参15〕、『一宮北中学区の昔と今』〔参

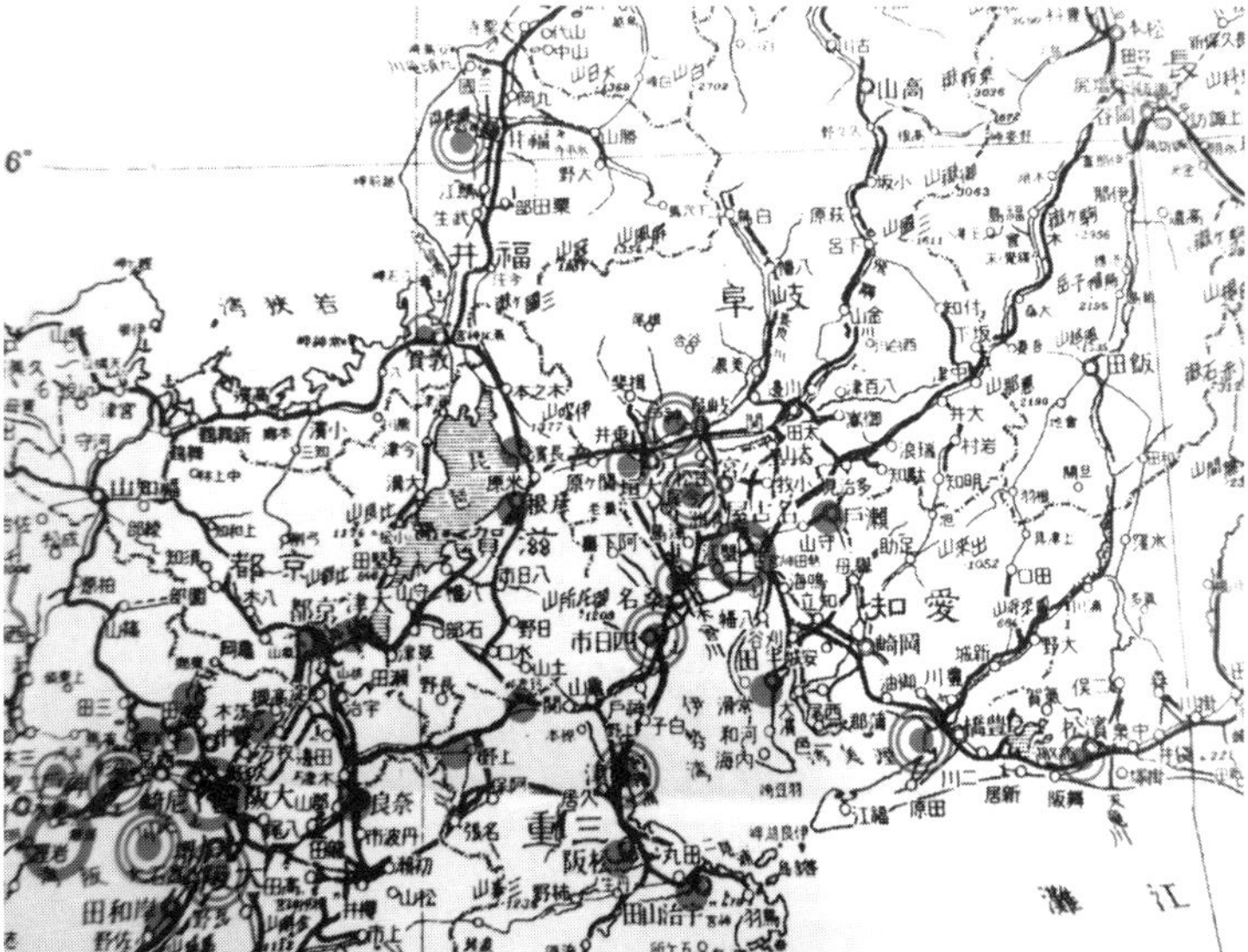

中部地方の戦災都市。中央の三連丸印のうち、下が名古屋、中央が一宮、上が岐阜。
(『平和の祈り 一般戦災慰霊の記録』〔参 14〕付録「大東亜戦戦災被害状況概見図」の部分図)

20〕、大学生協連合会東海ブロック教職員委員会による『いまだから伝えたい戦時下のこと大学教員の戦争体験記』〔参36〕、一宮の教育歴史研究グループによる『一宮の歴史』〔参53・54〕、憲法九条を守る一宮市民の会の『一宮空襲についての手記』〔参56〕、一宮市立今伊勢中学校『今伊勢 土地の人々が語り伝えるふる里 第一集』〔参59〕その他に、それぞれ一宮での空襲体験記が含まれている。本書でも必要に応じて引用、紹介させていただいた。

## 戦時下の思想的背景

一宮空襲を含む一九三〇年代の思想問題については、特に一宮特有のものがあったわけではないので、本書では詳しくは取り上げない。簡単にいえば、すでに多くの研究者や政治、政策関係者が述べられているように、天皇制を利用した「神国日本」思想で統一され、その枠から外れる思想や意見を持つ者は徹底的に排除・投獄された時代であった。そのため、庶民レベルでは、こうした問題に触れること自体が、投獄されるかもしれない「恐ろしいこと」としてタブー視されていた。

一九三五年生まれの筆者に関わっていえば、生まれる前々年の一九三三年に日本が国際連盟を脱退し、翌三四年末には日本がワシントン海軍条約を破棄した。一九三五年には美濃部達吉の天皇機関説が不敬罪で糾弾され、同年七月には日本の国号が「大日本帝国」に統一された。十月にはナチス・ドイツも国際連盟を脱退している。そして、翌三六年には若い軍人たちによるクーデター「二・二六事件」、三七年には名古屋で汎太平洋平和博覧会、国際的にはパリ万博が開催されたが、侵略先の中国では「支那事変（戦後は盧溝橋事件と呼ばれるようになった。日中戦争の発端）」が引き起こされていた。その戦争遂行のため、三八年には国家総動員法施行、三九年には七月にアメリカ合衆国が日米通商航海条約破棄を通告、九月には第二次世界大戦が勃発した。そして一九四一年には大東亜戦争（太平洋戦争）開戦という時流の中で、一九四二年に国民学校へ入学した。

幼児の記念写真も、下の写真のようなスタイルが「盛装」だと考えられていた時代であった。

国語教科書の最初は「ススメ ススメ ヘイタイ ススメ」。記憶に残る図画の授業は、写生を除くと「鬼畜米英」の文字が入った「角が生えた外国兵の塗り絵」である。敗戦までは筆者もそういう教育を受けた「軍国少年」の一人であり、他に進みようがない時代に、「死ぬために育てられた」子どもであった。

戦災に遭った四年生は、大半が休校で、同年十一月から再開された最初の授業は教科書への

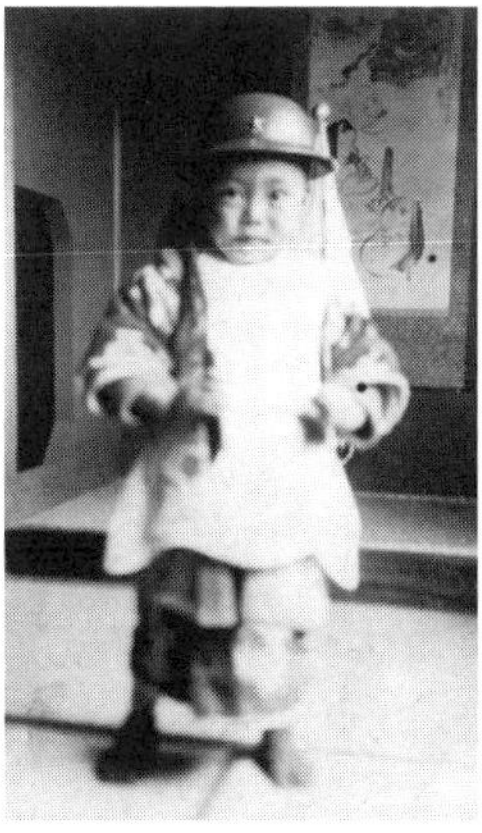

２歳、着物姿に鉄砲をかついで鉄兜。左手には日の丸の旗（左）
４歳、セーラー服を着て軍刀を持つ。端午の節句飾りと筆者（右）

のこと、いまだから伝えたい戦時下のこと」を卒業したいきさつは、『いまだから伝えたい戦時下のこ「墨塗り」であった。「軍国少年」を卒業したいきさつは、『いまだから伝えたい戦時下のこと　大学教員の戦争体験記』〔参36〕に「子どもの戦争と十歳の終戦」と題する手記を発表しているので、興味のある方はご覧いただきたい。なお同書は、筆者らが編集した三十一人の大学教員の戦時期体験手記集である。本書では、277ページにかいつまんで紹介している。

# 第二章

# 一宮と三八市

# 一宮市の地理的・歴史的特徴

## 尾州一宮市街の形成

本書で注目する愛知県一宮市の概略をまず説明しておく。地理的には木曽三川によって形成された「濃尾《のうび》（美濃・尾張）平野」の尾張側のほぼ中央に位置する町で、空襲当時の一宮市域は高低差がわずか数メートルという平坦な地形であった。その後の市町村合併で、現在は北と西は木曽川河畔、岐阜県との県境まで拡大したが、空襲当時は隣接する行政区にも平坦な地域が多かった。

一宮は中島郡の郡都で、真清田《ますみだ》神社が尾張国の一宮《いちのみや》であり（二宮《にのみや》は犬山の大縣《おおあがた》神社）、約十キロメートル南の稲沢に尾張国府《おわりのこくふ》があった。同地に所在した尾張大国霊《おおくにたま》神社が通称「国府宮《こうのみや》」と呼ばれて、その名残りをとどめている。平安時代に始まる国制で、「延喜式」によると、尾張国は、海部《あま》郡・中嶋郡・葉栗郡・丹羽郡・春部《かすがべ》郡・山田郡・愛智郡・知多郡の八郡に分けられていた。一宮は、その真清田神社の門前町として発展した町である。祭神は天火《あめのほ》明命《あかりのみこと》で（異説もあるが社伝による）、天火明命は天照大《あまてらすおお》

真清田神社の鳥居から楼門を望む（2020 年）

神《みかみ》（伊勢神宮内宮の主神）の孫とされる。戦前の社格でいうと国幣中社であった。

本殿は一六三一（寛永八）年に大修理された「尾張造《おわりづくり》」様式の社殿であった。神仏混交時代の寺院の楼門もそのまま残っていたが、後述するように戦災でほぼすべての建物が焼失した。戦後、一九五七年までに本殿以下全社殿を再建し、続いて一九六一年には楼門も復元、一九六五年には、戦後はじめた「七夕祭り」のために摂社として服織《はとり》神社も新設した（『新編一宮市史』、社伝）。

真清田神社の最大の祭礼は、四月三日の桃花祭《とうかさい》と、その前日におこなわれる試楽祭《しがくさい》であった。両日とも各氏子町内や有力企業が写真のような飾り馬を奉献し、一九四〇年ごろには二百頭を超える献馬が本町通りを練り歩いた。

献馬には、写真のような、おもに神話から採られた豪華な飾り（「馬道具《ばどうぐ》」と呼んだ）が乗せられ、馬の前には前綱《まえづな》と呼ぶ五メートルほどの綱が二十本ほど、馬に負担がかからないように、この綱束の付け根から後ろへ「後綱《うしろづな》」と呼ぶ二十メートルほどの綱が一本か二本つけられた。前綱は若い衆、後綱は子どもが握って、真清《ますみ》公園（戦後は法務局）の西の「御旅所《おたびしょ》」から真清田神社まで、約一時間かけて練り歩く祭礼がおこなわれた。

真清田神社の祭礼「桃花祭」の馬道具「日本武尊」
（一宮市立中央図書館蔵）

中世の一宮地域には天然の大きい河川はなく、一〇〇一（長保三）年に尾張国司大江匡衡《おおえのまさひら》の指導で開削されたと伝えられる「大江川《おおえがわ》」（現在は公式には大江用水《おおえようすい》と呼ばれている）が市街地のほぼ中央を南北に貫通する。開削の目的であった農地への灌漑《かんがい》のほか、水運も盛んで、さらに近世中期ごろから棉作が盛んになるにつれて、この流域に染色工場が集中し、第二次大戦ごろまで繊維産業にとっても重要な用水であった。

## 三八市と商業都市としての発展

真清田神社を中心に形成された一宮は、中世から続く鎌倉街道や、近世に発展した宮宿（熱田神宮周辺）から垂井《たるい》宿（現岐阜県不破郡垂井町）を結ぶ十四里（五十六キロメートル）の美濃路《みのじ》に近く、尾張藩の拠点・名古屋と美濃の拠点・岐阜を結ぶ中間に位置する町であった。

近世中期以後になると、広大な平地が活用されて、在来の米や都市近郊型農産品（根菜、葉物野菜など）に加え、

昭和19年、大江川流域の染め物工場
（一宮市立中央図書館蔵）

現在の大江川（2020年、大乗公園横）

棉作が盛んになった。棉は実と毛を分離して綿となり、綿糸・織物・仕立て（縫製）と加工され、衣料品その他の製品になる。それぞれの工程は別々の人の手にかかることが多く、それぞれに中間製品を動かす商人が介在する。こうして、棉作地帯では生産・流通が盛んになり、交易の場である「市《いち》」が開かれるようになる。

そうした市が発展すると、市で集荷した商品や市とは別のルートで集荷した大量の製品を取引する場が必要になり、自然発生的に大量の物が運搬しやすい市に集中してくるようになる。広域に平坦地が広がる濃尾平野のほぼ中央に位置し、交通の便もよかった一宮は、その適地であった。

広い境内を持った真清田神社の鳥居周辺などが、その主要な取引場として利用された。こうして一宮で三と八の日に開かれていた六斎市「三八市《さんぱちいち》」は、広域取引機能を持つ特別な市に発展した。一七二六（享保十一）年に尾張藩主が視察に訪れた記録があるので、そのころには

当時広く使われた綿繰りろくろ
（一宮市木曽川資料館蔵）

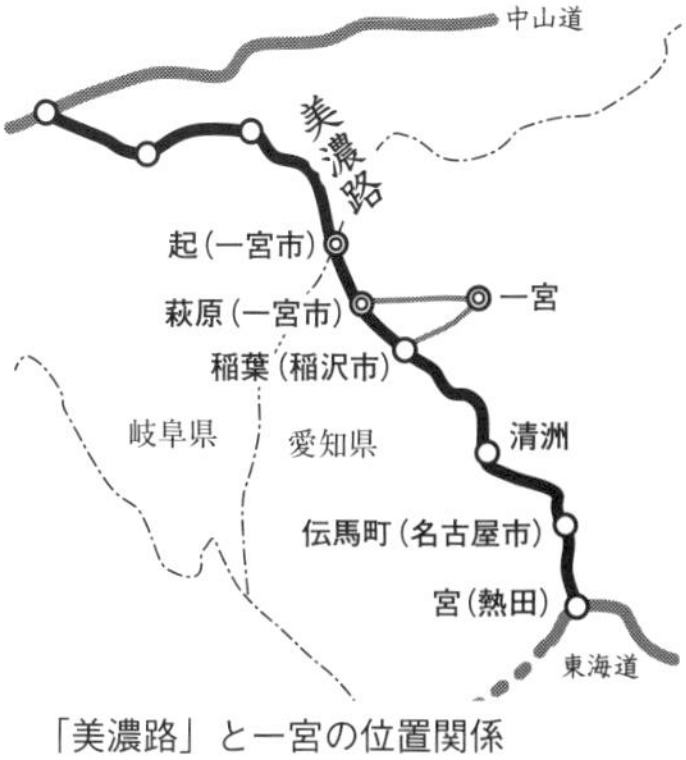


「美濃路」と一宮の位置関係

すでに尾張藩内でも有数の規模であったと考えられる。市日《いちび》だけでは済まない取引のため、鳥居前通りである本町通りやその枝道、裏道には常設の商店が存立するようになり、それがまた定住者を増やす効果も果たして、一宮村の集落規模も商業地域も拡大した。

ただ、取引規模が大きくなると藩政の管理も強まり、安定して取引を続けるためには尾張藩に公認してもらう必要があった。結論を言えば一七二七（享保十二）年に藩の公認を得ることができた〔参22〕。

### 三八市の発展

一宮の三八市は、とりわけ綿糸の取引が盛んであった。棉実（タネがついた棉毛《わたげ》。綿と区別して木棉《きわた》と呼ばれることが多かった。今はコットンボールと呼ばれている）と、そこからタネを取り外した綿（毛綿《けわた》と呼ばれた）の取引は、九月から十一月へかけての収穫期に集中するが、それを糸に引く製糸（続いて撚《よ》りかけ工程）は、おもに農家の副業としてほぼ通年にわたっておこなわれた。そうしてできた糸は、おもに買いまわり商人の手で集められて一宮の三八市に持ち寄られ、売買された。売り終わった商

真清田神社境内の常設化した三八市（戦前）
（一宮市立中央図書館蔵）

人らは、次に同じ市で織物用の色糸《いろいと》（染色済みの糸）を購入して、それぞれの地元の、やはり農家副業の織子《おりこ》のもとに届け、織加工に供した。これも通年でおこなわれたので、一宮には、卸・小売りを兼ねた糸商や、織りあがった反物を仕入れる生地商が多数成立し、一大繊維街が形成された。こうした撚糸業者や織物業者は、内職的な工房や農業地帯に限らず一宮の市街地にも多数存在し、一宮とその周辺地域は、県下有数の小規模工場地域としても発展した。

## 繊維産地の形成

### 綿製品産地から毛織物産地への転換

一宮は、近世（江戸時代）から、コラム「織物と織物産地」で紹介するような、特徴ある綿織物の産地であり、その元となる木棉《きわた》・綿《わた》・綿糸《めんし》の広域的な集散地でもあった。ところが、明治期に入ると外国貿易が盛んになり、まず唐糸《とうし》（中国産の綿でつくられた糸）の輸入量が増え、次いでインド綿や、洋糸《ようし》と呼ばれたインド綿などでつくられた糸が出回るようになった。これらは、国産綿、中国綿、インド綿の順にコットンボールが大きく、綿の毛足が長

日本の棉花畑（2018年8月12日、東日本大震災復活試験用石巻市内栽培テスト農地）

い。毛足が長ければ細い糸を引くことができ、細い糸で織れば薄い高級な綿布が織れる。絹布と綿布を比べると平均的には絹布の方が数倍高価であるが、特別に毛足が長いインド産綿糸で織った綿布の中には、絹布よりも高価な製品もあった。

高品質の綿糸や綿布の流入によって、わが国では一八九〇年前後（明治二十年代前半）から全国的に綿産地の急速な衰退が起き、一宮にも大量の唐糸や洋糸が流入した。輸入綿糸の多くは横浜港から四日市港や熱田港（現名古屋港）に運ばれ、陸路で一宮に運ばれたが、明治前半期にそうした海運の大半を担った郵便汽船三菱会社（のち日本郵船）の内部記録によると、「一宮の豊島（現在の繊維商社豊島、本社名古屋市）あての糸は、船荷証券があれば、本船の書類が間に合わなくても一宮の三八市に間に合うように運べ」という指示が出るほど、重要な取引市場であった〔参13〕。

そうした変化があって国内の綿産地は全国的に衰退し

撚りをかけた糸を巻き取る「かせ繰り器」
（一宮市木曽川資料館蔵）

棉の木
（前ページテスト農地にて。○内はピンク色の棉の花）

たが、一宮ではその前から、糸商の豊島氏など横浜で軍用毛布を入手して毛織物を研究していた人たちがあり、この機会に毛織物に転換し始めた。たまたまその直後の一八九一（明治二十四）年十月二十八日に濃尾地震が起き、多くの工場が被災した。そのため、否応《いやおう》なく生産設備の多くが交換を迫られた。一宮地方ではこれを機に多くの業者が綿から毛への転換を進め、当時の日本では珍しい毛織物産地として再発展することになった。

ちなみに、日本ではその後、一宮市と、大阪府泉大津市で毛織物産業が発展し、二大産地を形成した。一宮では梳毛《そもう》織物（洋服地）、泉大津ではおもに紡毛織物（毛布）が発展した。

## 一宮と周辺地域の工場地帯化

産業転換期（濃尾地震の直前）にあった一八八九（明治二十二）年、中島郡の中心市街地であった一宮村は、一色村と合併して一宮町に拡大し、一九二一（大正十）年九月一日に市制施行して一宮市になった。今から百年前のできごとである。

一宮の繊維産業が短期間のうちに主力製品を毛織物へ移した後は、紡績工場、織物工場とも総じて機械化され、工場規模が大きくなった。技術的にも工場間の連携が重

起か小信中島辺りから尾張一ノ宮駅へ馬車で運ばれる織物（一宮市立中央図書館蔵）

要になったため、中間製品の移動は工場間へ移り、完成品の取引は卸売店と小売店に大まかに分離し、取引の大半が固定店舗へ移行した。当時の東海道線尾張一ノ宮駅（現尾張一宮駅）の東側一帯にこうした中小の織物店（大半が毛織物専門店）が数百軒集中する繊維卸売商店街が形成された。それとともに、生産地域はしだいに当時の市域周辺に拡大した。特に三条から起《おこし》（いずれもその後尾西市、現一宮市）へかけての一帯には一宮市街地よりも規模の大きい工場が次々と立地し、そこから東海道線を利用して名古屋など全国に出荷する、前ページのような光景が日常化するようになった。

技術面からみると、以前の綿織物でも、サイジング（織る前の糸への糊付け）や整経《せいけい》（織る前に経糸《たていと》を巻きとる作業）など、補助的な分野や工程がなかったわけではないが、ほぼ「紡績・撚《よ》りかけ」と「機織《はたおり》」の二作業が大半を占めていた。それが毛織物になると、原毛（百パーセント輸入品）の油落としから始まって、織り終わった後の仕上げ加工まで、工程が複雑化し多様化した。しかも、それぞれが「工場」と呼べるほどの規模が必要であった。そのため、毛織物生産の主工程では「内職」や「農家副業」の分野は大幅に減った。同時に、この変化と並行して、機械類を動かす動力源も人力からボイラーやモーターへ移行した（平坦な一宮では水車はあまり普及しなかった）。

多くの工場は若い女性を主とする雇用者を持ち、そうした人たちの需要もあって、一宮は日用品の需要も旺盛であった。特に休日や三八の市日《いちび》には、各工場から比較的若い多くの女性たちが買い物に出るため、露店も商店街もたいへん賑わった。こうして、大正期を通じて一宮の中心部は、幅広い日用品販売の商店と織物関係の商店が混在する商業都市として発展し、同時に一宮の市街地から広範な周辺地域へかけて、繊維関連の中小の工場が密集する一大工業地帯に変貌した。

なお、在来の綿織物に関しては、引き続き実用着としての需要があり、毛織物への転換ができない内職型の職場などで綿糸や綿織物が生産された。そのため、一宮では、毛織物はおもに店舗で取引され、内職用の原材料は、おもに点在する糸商や三八市などの露店（仮設店）で取引される住み分けが生まれて、それぞれが発展した。

コラム

### 織物と織物産地

布についての基礎知識を少々。布には織物《おりもの》と編《あ》み物とがある。織物は経糸《たていと》と緯糸《よこいと》を直角に組み合わせたもの、編み物は原則として一本の糸を絡ませて編み上げるもので、ニット（メリヤス）、靴下、手芸でよくおこなわれる毛糸編み物などがその代表的製品である。一宮で生産されていたのは、おもに織物の方である。

織物は、普通は縦・横とも一本おきに糸を組み合わせるので織り目が四角く構成され、「平《ひら》織《おり》」と呼ばれている。そのうち経糸を数本まとめて動かすことで、ギザギザなどある種の模様を織り出すこともでき、「柄織《がらおり》」と呼ばれる。柄織の代表は、経糸を複雑に組み合わせて動かし、絵柄を浮き出させる西陣織である。経糸と緯糸両方を複数本ずつ組み合わせると、柄織カーペットのような絵や模様を織り出すこともできる。こうした複雑な織技術はおもに絹などの高級品に使われるが、複雑に見えても、糸は縦と横の組み合わせで織られている。

それとは別の区分で、織物には、織る前（糸段階）に染色するか、織りあげた後で染色するかの二通りの工程がある。前者は「前染《さきぞめ》織物」、後者は「後染《あとぞめ》織物」と呼ばれる。綿布でいえば前染織物の代表的商品は「縞物《しまもの》」である。縞織物の代表的な柄《がら》は縦または横を色糸で区分した縞柄《しまがら》（ストライプ）で、経糸《たていと》で柄を出せば縦縞《たてじま》、緯糸《よこいと》で柄を出せば横縞《よこじま》と呼ばれ、これだけでも糸の染め色や縞幅の組合わせで多様な縞柄《しまがら》や絣《かすり》柄を織り出すことができる。経糸・緯糸の両方で色や幅を変えれば多彩な格子《こうし》模様を織り出すことができる。そのため、前染めでは、さまざまな色糸の組み合わせで、無限に近い変化を生み出すことができ、流行を先取りして新しい柄を考案する「柄師《がらし》」、つまり織物デザイナーは、高給が支払われる特殊技能者であった。一宮の「桟留縞《さんどめじま》」や津島周辺で織られた「佐織縞《さおりじま》」は、いずれも綿織物であるが、全国的にも知名度が高い地域ブランド商品であった。

そのため、縞生地《しまきじ》（縞柄《しまがら》の反物）は、後染め生地よりもはるかに高価で取引された。しかし前染製品にはふたつの避けられない危険があった。流行からはずれると買い手がつかないこと、流行《はや》り製品が多いため流行遅れになりやすい、つまり商品寿命が短いことであった。

そうしたリスクを避けるには、後染めが適していた。後染め織物は織り終わっても白生地のままであるため、流行《はや》りや用途に合わせて後から色や柄を付ければ済む。加えて、白生地なら織りあげた生成《きな》り（晒《さら》す前の布）のままで光と湿気を避けて保管すれば、数年ぐらいは問題なく保管することができる。つまり、当たり外れがない安全な商品である。だから安全な取引を望む多くの業者や職人が白生地をつくるため、価格競争が激しく、儲からない商品であった。一宮の事を論ずるには余談であるが、知多半島や西三河では木綿の白生地生産が盛んであった。そのため、河川が利用できた岡崎周辺では「水車紡績」や「ガラ紡」という、いずれも省力量産型の製糸業が発達した。三河湾の両岸地域（知多半島と西三河）では、製糸分野ではリング精紡機、織布分野では豊田佐吉の力織機《りきしょっき》をいち早く取り入れ、量産によるコストダウンで産地を発展させた。

## 第二次大戦下の変化

### 軍需工場地帯への転換

一九三二（昭和七）年、中華民国（現中華人民共和国）東北部の「満州国」化を経て、戦争の準備を進めていた日本政府は、一九三八（昭和十三）年四月一日に「国家総動員法」を制定し、「同種若《もしく》ハ異種ノ事業ノ事業主ニ対シ当該事業ノ統制又ハ統制ノ為ニスル経営ヲ目的トスル団体又ハ会社ノ設立ヲ命ズルコトヲ得」と定めた。それにもとづいて、一九四二（昭和十七）年五月十三日に「企業整備令」を公布し、事実上、強制的に中小企業の整理・淘汰をおこなった。具体的には、同業の数工場や数商店をまとめて、企業数を三分の一程度に減らし、コメや衣料品など民需の主要品目を「配給制」にして、生み出された余剰人員や余剰生産施設を軍需生産に振り向けようという政策であった。

その特徴は、簡単にいえば、技術工程を細分化して、技術指導しつつ外部の小工場を自社工程の一部として使う手法であった。素朴な形の下請制である。一宮やその周辺にあった多くの繊維関係工場も廃業または転職せざるを得なくなった。工場へ勤めるようになった経営者も少なくなかったが、かなり多くの工場は設備を金属加工機などに入れ替え、軍需工場の傘下に組み込まれていった。こうして、一宮とその周辺は短期間のうちに一大軍需工場下請地帯に変じた。筆者が記憶する例では、一九四二年（国民学校入学の翌年）、自宅の三軒隣で住宅の土間に一台だけ撚糸機を据えていた小規模な撚糸屋さん（従事者は主人だけ）が、ある日新しい機械に替わって、「危ないからもう来ないように」と注意され、遊びに行く先がひとつ減ったことがあった。今考えれば、「来ないように」という理由が、本当に危ないからというよりは、新しい加工仕事が兵器に関わっていたためという可能性が強い。ともあれ、こういう規模の職場まで軍需生産に組み込まれ、製糸、紡績、撚糸、機織《はたおり》工場や、その外注を引き受けていた家内工場まで、その多くが軍需産業に組み込まれていった。

さらに工場主や商店主は、廃業したか存続したかにかかわらず軍需工場に「徴用《ちょうよう》」されていった。徴用については、筆者の父の体験を後述する（140〜142ページ）。

## 軍需工場化と航空機関連産業の発展

尾張地域では、知多半島の半田市から現在の東海市、名古屋市南部にかけて、川崎航空機や三菱重工業、富士重工業など当時の有力航空機メーカーが集中立地し、最盛期には全国の航空機の七割近くを生産する航空機産地に成長した。そのため、知多から尾張西部と西三河一帯で操業していた多数の繊維関係その他の工場が、規模の大きい工場は半強制的に航空機工場など金属産業へ転換するか、そうした工場へ買い取られた。中小工場の多くは、企業整備で事実上廃業させられたため、そうした金属加工工場の下請けとして、経営者自身にも用途のよくわからない金属部品の生産に従事した。そうした受注品の中には、航空機部品も多数含まれていたと推測される。

既存企業の軍需工場化は、民需産業の典型ともいえる陶磁器業界にもおよび、日本を代表する洋食器メーカーであった名古屋のノリタケが金属研磨砥石に主力を移した例や〔参46〕、一宮近辺では、日本最大の毛織物仕上げ加工会社であった艶金《つやきん》興業が、その奥町工場を軍の指示で航空機部品生産工場（岡本工業）へ譲渡させられるなど、企業側の事情を超えた圧力も働いていたようである〔参66〕。

艶金興業の例でみると、一九四一年までは艶金興業の自社努力で工場整理や統合ができたが、翌四二年になると工場の手直しや改造・整理はすべて軍の許可が必要になり、四三年一月には同社の木曽川工場を「日本飛行機タイヤ製造会社」へ譲渡させられた。四三年になると陸軍航空本部から「新工場の建設では間に合わないので」という理由で工場提供の通達があり、同年七月八日に同社奥町工場を岡本工業へ譲渡させられ〔参66〕、同工場は岡本工業一宮工場と呼ばれるようになった。現在の奥中学校の南の一区画である（その後の顛末については269ページ参照）。

**空襲への心構え**

本書の主たるテーマである「空襲」についていえば、一九四二（昭和十七）年のドーリットル空襲以後、住民も、威勢の良い「大本営発表」と現実の戦況との間にギャップがあることに気づいていたし、一九四三年ごろには、「一宮も狙われる（空襲される）」という雰囲気がかなり公然と漂っていた。ただそういうことを口外できるようになったのは、一九四四年の名古屋などへの空襲を目の当たりにするようになってからであった。そのころには、人や荷物の疎開も進められるようになったし、「大本営」の方針も「本土空襲に備える」ことに変わったので、公然と語れるようになった。それでも一九四四年前半段階ではまだ「備える」中身は「消火」であった。

しかし、同年も後半になると、全国の主要都市が次々と爆撃され、「一宮が空襲される日も近い」と感じざるを得ない雰囲気になっていた。こうした空襲の情報は「被害僅少」としてではあったが、大本営提供情報として新聞やラジオ（当時一宮で聞けるのは名古屋放送局〈J

ＯＣＫ〉しかなかった）のニュースでも伝えられたので、子どもでも知ることができた。

おそらく大人はもっと深刻に考えていたと思われるが、「日本が負ける」というのは非常に危険な禁句であったから、誰も発言しない。当時、筆者は「家は焼けても戦争には勝つ」と思い込んでいた。

# 第三章

# 第二次大戦中の国民学校と児童

## 日中戦争から太平洋戦争へ

### 「満州国」建国

一九二九（昭和四）年、アメリカに端を発した世界恐慌が、一九三〇年から三一年へかけて日本経済にもおよび、「昭和恐慌」と呼ばれる大不況を引きおこした。政府はその打開策を中国への移民に求め、中華民国（現中華人民共和国）の東北三省と総称される遼寧省《りょうねいしょう》・吉《きっ》林省《りん》・黒竜江省《こくりゅうこう》を不法占拠に近い形で奪取し、ここに「満州国」と呼ぶ傀儡《かいらい》国家をつくりあげた。傀儡国家と呼ばれる理由は、表向きには清《しん》朝最後の皇帝を擁立したが、実態は日本軍が実権を握っていたからである。それに、何よりも中華民国の領土であるにもかかわらず、同国自体は「満州国」を認めていなかった。

日本軍は、実際にはその北にあたる蒙古南部（内蒙古《うちもうこ》とも呼ばれた。現在の中華人民共和国内《うち》モンゴル自治区）も実効支配していて、日本から満州や内蒙古への集団入植を募《つの》った。こうした人たちは「満蒙《まんもう》開拓団」と呼ばれ、長野県などでは町村に割り当てるようにして応募者を増やした。一方、十六歳以上の少年を集めた「少年開拓団」なども組織され、日常的には集団農場経営と軍事訓練にあたった。この開拓団にかかわる体験談は『いまだから伝えたい戦時下のこと』〔参36〕に収録したので、興味のある方は参照されたい。

東北三省はソビエト連邦との国境地帯でもある。広大な農地を取り上げて、それを日本からの移住農民に分け与えるという方法で、日本の農民を移住させ、収穫物の大半を日本へ送って、日本からの人減らしと、国内生産の不足を補うというのが満州支配の考え方であった。

## 桁違いだった日米の戦力格差

この一方的な考え方ややり方に、侵略された中華民国が反発したのは当然であるが、日本と同じように中国での利権確保を狙っていた欧米諸国をも敵に回す結果になった。日本はさらに拡大する戦争準備のために石油産地を入手する必要に迫られて、南洋《なんよう》（東南アジア、オセアニア地域）への拡大政策をとった。そして、日本時間一九四一（昭和十六）年十二月八日（ハワイ時間十二月七日）に、アメリカ合衆国の準州であったハワイ・オアフ島の、アメリカ海軍基地が置かれていた「パールハーバー（真珠湾）」を奇襲攻撃し、やがて本書の主題である「本土（日本）空襲」につながる太平洋戦争に突入した。

なお、日中戦争とか太平洋戦争という呼称は、第二次大戦後、研究用語として使われ始めたもので、当時は「大東亜《だいとうあ》戦争」と呼んでいた。呼び名の意味は、「東アジア全域をまとめた共同体を打ち立てるための戦争」である。その含意として「日本がその盟主になる」と考えられていた。

開戦後の日本軍は、マレー半島からソロモン諸島まで戦線を拡大したが、長期戦に耐えられる準備がなく、戦線が伸びるほど戦力が急速に落ちる結果になった。華々しい戦果を挙げた真珠湾攻撃からほぼ半年後には、占領地を米軍（連合軍と称していた）に奪い返され、現地守備隊の玉砕《ぎょくさい》（全滅）が続いた。戦後明らかになった事情によると、日本軍の大半が食糧不足でまともに戦える状態ではなく、援軍もないままに餓死や病死した兵士も多かったようであった。

## 大本営発表と特高警察への警戒

そのころ、一宮にいた筆者らが新聞やラジオで知った情報は、戦争遂行の中心であった「大本営《だいほんえい》」が発表する「大本営発表」と呼ばれた情報で、これは常に「敵米英が日本軍よりも多くの損害を受け」日本軍は「善戦した」というものであった。「敵の方が被害が多く、わが方が善戦」しておれば勝っているわけで、子ども心には「日本は勝っている」と素直に思っていた。同時に、この大本営発表に疑いをさしはさむことや、それと異なる解釈を話題にすることは「避けるべきこと」という雰囲気があった。実際には子どもだから異論めいたことを言ったり、思い付きで質問もする。例えば、大本営発表ではないが、筆者が当時からどうにも理解できなかったことのひとつは、「神武天皇が即位されるとき、金の鳶《とび》が飛んできて杖のように持っていた弓の先に留まった」という神話である。これは当時、神話ではなく「史実」として教えられていたので、なぜ金属の鳶が飛べたのかがどうにも不可解であった。今では神武天皇の存在そのものが疑問視されているし、仮に弓の先に鳶が留まったとしても光線の具合で金色に輝いたように見えたのであろうと考えれば済む話であるが、こうした解釈自体が当時は許されず、弓の先に留まったのは「金の鳶」でなければならなかったのである。それと異なる説明をするのは、天皇制への疑義を呈することになり、「危険な思想」を抱く「不逞《ふてい》の輩《やから》」だと断定されるおそれがあった。つまりこうした素朴な疑問でも危険思想視される恐れがある時代であった。

## 防諜への警戒

当時は、「スパイに警戒せよ」「機密（秘密）を漏らすな」と言われていた。普通に考えれば一般人が「機密」事項を知っているとは考えられないが、何が機密で何が問題のない話題なのかを判断するのは警察であって、一般人が判断することは許されなかった。誤って発言しても事柄によっては警察にとらえられる危険があったため、必要以上の発言はしないのが安全であった。さらに、質問についても、内容や説明によっては意図せずに相手を機密漏洩に巻き込む恐れがあり、話の内容によっては警察よりも怖い「特高《とっこう》（特別高等警察）」に警戒する必要があった。親たちも発言には気を使っているフシがあった。

そのため我が家では、国民学校二年生ぐらいから、「わからなければまず辞書を引く」「辞書の引き方や解説は受ける」という流儀ができあがっていた。つまり、親とは「内容については話し合わない」「自分で理解する」という方法であった。筆者は好奇心が強かったし、お喋りだったので、親も警戒したのかもしれない。実際にはよく質問もしたし、親はよく話をしてくれたが、ともあれ、こうして「自分で調べる」「学校で先生に聞く」という自己流の学習スタイルが形成された。

もうひとつ気を使ったのは、「非国民」と呼ばれることへの警戒であった。

## 「非国民」視されることへの警戒

当時は、政府が国民向けに流す情報はまとめて「国策《こくさく》」と呼ばれ、それに反対する人は次々と捕らえられて、世間にいなかった。実際にはいたかもしれないが、それを表へ出すことは警察に捕らえられる極めて危険なことであった。したがって、普通のくらしではそういう人は表向きいなかった。部分的に国策に従わない人はいたらしいが、そういう人は「非国民」と呼ばれて周囲から警戒された。始末が悪いことには、「非国民」の用語に明確な定義や基準はなく、「国の方針に背く人」というように理解されていた。その場合の「国の方針」自体が情勢に応じて変化するし、具体的な生活や発言にも明確な基準があるわけではない。

そのため、格別反戦思想でも、天皇制に反対する気がなくても、いつの間にか「何らかのことや発言」が警察や特高の耳に入って、「(警察へ)引っ張られる」ことが極度に警戒された。「隣組」などにもくり返し同様の指示が出ていたし、どのような点がどのように違法だと告げられるのかは、当人にはまったくわからないので、周囲の人たちといさかいを起こさないこと、さらに不快感を抱かせないことも必要であった。筆者はまだ十歳前後の子どもであったが、それでもいつの間にか「非国民」呼ばわりされないように気配りしていたので、大人はもっと窮屈だったと思われる。戦後、当時を振り返って「息をするにも気を遣う時代だった」と表現された記事を読んだことがあるが、戦後の感覚で振り返れば、当時の大人たちはそういう感覚でくらしていたと思われる。非国民視されないようにという漠然とした概念にしばられて、自分とは無関係な人たちも含めて言動に注意しなければならないという、まことに不自由な時代であった。

金属や、戦争に直接使うとは思えない貴金属の回収も、その使い道を詮索せずに積極的に協力したのは、結局は非国民視されないような自己防衛だったと思われる。

## それでも、負けるはずがない

当時、人びとは、政府や役所をひとまとめにして「お上《かみ》」と呼んでおり、お上のいうことには無条件服従が求められた。異論を唱える必要があるときは、「お願い」して「ご判断を仰ぐ」形を取る。それに適さない事項は、従うほかはないという時代であった。異を唱える余地がない代表的なことのひとつが「大本営発表」であった。前述したように、常に「わが方の損害は軽微」であり、「敵軍に多大な損害を与え」続けたので、そうすれば日本軍は勝っていたことになる。それを疑えば「非国民」視される危険があった。実際には、来る日も来る日もこれが繰り返されるので、つじつまを合わせようとすると、アメリカ軍（連合軍）は日本軍にやられてもやられても次々と飛行機や軍艦を補充できる、途方もない「もの持ちな国」らしいと考えざるを得ない。しかし、最後には「神風《かみかぜ》」が吹くはずなので、日本が大変危ないことをしていると考えるのは「危険思想」で、決してそう考えてはいけないわけである。もちろん、そんなことを口にするのは危険この上ない行為であった。

少なくとも小学生は、十三世紀後半の二度にわたる「元寇《げんこう》」（日本の年号を取って文永の役《えき》・弘安の役とも呼ばれた）を「神風（現在の歴史研究では台風と解されている）」の助けで撃退したと教わっているし、「だから、この戦争でもきっと神風が吹くから、もう少しの辛抱だ」と教わるので、日本が勝つことに疑いの余地はなかった。

## ついに米軍機が頭上に

一九四四年後半以後、日本各地が空襲を受けるようになった。日本にはない巨大な機体が現実に頭上を通過し、各地が爆撃されるようになると、大本営発表は「物量を誇る敵、米英は……」という表現に変わったが、日本が敗北続きになるにつれて、敗退を「転戦」、全滅を「玉砕」という用語に言い換えて使うようになった。子ども心にも「日本は負けているのではないか」という疑問が出てくるが、これは大変危険な疑問かもしれないとも気づく。そうしたときには、我が家の流儀に従って『広辞林』を調べると、「転戦」は「移動していく」こと、「玉砕」は「全滅」を指しているらしいことを察する。やがて地図の見方を覚え、なかなか島の名前が見つからないが、たまに出てくる島名で察すると、後退しているときがある。それでも負けるとは思わなかったのが不思議であるが、何か、「それ（転戦・玉砕）とこれ（日本が勝つか負けるか）とは別」という感覚であった。

その間に、真珠湾攻撃から四カ月しか経っていない一九四二（昭和十七）年四月十八日に、日本は、のちに「ドーリットル空襲」（109〜110ページ参照）と呼ばれるようになる最初の空襲を受けた。

空襲の話は後述するので、もう少しそのころの一宮のようすや変化を見ておく。

コラム

### 奉安殿と教育勅語の奉読

小学校（国民学校）には、必ず奉安殿《ほうあんでん》と二宮金次郎の石像があった。奉安殿というのは、当時「御真影《ごしんえい》」と呼ばれた天皇・皇后の写真と、巻物状に仕立てられた「教育勅語《ちょくご》」（日本の教育のありかたを述べた天皇の言葉）が収められた、小さい耐火建物である。学校の行き帰りや前を通るときには、必ず正面に直立して最敬礼《さいけいれい》（九十度近くまで頭を下げる）しなければならなかった。

教育勅語は、一八九〇（明治二十三）年に明治天皇が「我等臣民の従い守るべき道徳の大綱を示すために下し賜ったもの」（『尋常小学修身《しゅうしん》書　巻六』）で、「修身」（趣旨は違うが現「道徳」教科）の時間に暗記させられたほか、紀元節（現建国記念の日）や天長節（現天皇誕生日）などの祝日には、全校児童が式だけのために登校して講堂に整列し、静まりかえった中で、式服を着た教頭先生から、同じく式服の校長先生に、黒い漆塗りの角盆に載せてうやうやしく引き渡す儀式がおこなわれ、校長先生が重々しく読み上げた。この一連の儀式は十五分ほどで終わるが、勅語の朗読中は絶対に物音をさせてはいけないと強く戒められており、冬でも鼻水をすすることも禁止されていた。もちろん鼻はかめない。そのため、校長先生の長い（と感じる）奉読《ほうどく》が「御名御璽《ぎょめいぎょじ》」という結語で終わって、巻き直され、司会の先生の「一同《いちどう》、礼《れい》」の掛け声とともに、いっせいに鼻をすする音が鳴り響いて儀式が終わるのが常であった。

「御名御璽」は、勅語の最後に書かれた四文字で、「御名」は天皇の名（天皇には苗字はない）を指し、「御璽」は天皇の公印のことである。それ以前の本文は漢文調の文章で、小学校低学年で理解できる言語表現ではなかったので、首から上だけ下げて（「首《こうべ》を垂《た》れる」と表現された形）直立しながら、ひたすら終わるのを待つほかはなかった。勅語が読まれている間は、動くことも、物音もたてられないので、最後の「御名御璽」は、「まもなく終わるよ」と告げられたように感じられた。この重厚な儀式は、特に冬は寒い講堂で凍えながら緊張を強いられたので、かなり

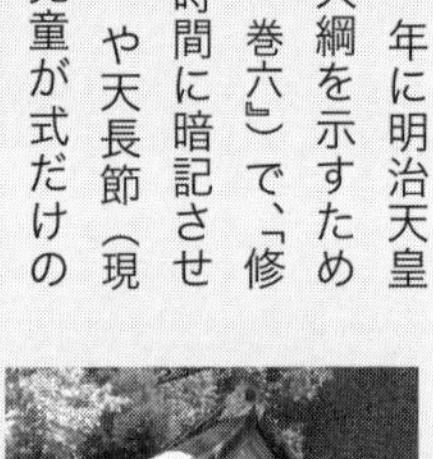
旧起第二尋常小学校の奉安殿。市内三條神社境内に移設され現存する（国登録有形文化財）

つらい時間であった。だから、「御名御璽」のあと「一同、礼」を合図に緊張が解け、学年を問わず千人以上の生徒が一斉に鼻をすすったのであった。来賓もいる中であるから、格好の良い情景ではなかったが、これについては特にとがめられた記憶はない。

一九四四年までは、式が終わると、教室で、「紅白饅頭《まんじゅう》」を入れた小箱が全員に配られて、この日は授業はなく帰宅した。

## 国民学校二回生

### 真珠湾攻撃の四カ月後、国民学校入学

筆者が国民学校へ入学したのは一九四二（昭和十七）年四月であった。入学から半月足らず後には「ドーリットル空襲」で名古屋も爆撃を受けた。そのため、「荷物疎開《そかい》」と呼ばれた、生活用品や「手許になくても日常生活に支障がないけれども大事な荷物」を安全な地域へ預けることが真剣に考えられるようになり、市としても奨励した〔参8〕。一宮市で初めて訓練ではない空襲警報が発令されたのもこのときであった。

しかし、この爆撃は日本軍の一方的爆撃であった真珠湾攻撃からまだ四カ月後で、次々と戦果を挙げる日本軍の活躍に国中が沸き立っていた時期であった。そのため「お上」の判断

はわからないが、少なくとも身辺が慌《あわ》ただしくなるような目立った変化はなかった。前年から尋常小学校は「国民学校」と改称され、筆者らはその二回生として第四《だいし》国民学校（現大志《だいし》小学校）に入学した。

同校（当時は一宮第四尋常小学校）は一九三八（昭和十三）年までに児童数が千九百二十一人（三十学級）に拡大し、一部の学年を複式学級（同じ教室を二学年が時間差で使い分ける）にしなければならない事態になった。そこで翌三九年に第五尋常小学校（現向山《むかいやま》小学校）を創設して分割したマンモス校であった〔参58〕。

一宮市立中央図書館の所蔵資料から当時の校舎写真を紹介すると、『一宮市勢要覧 昭和八年』から複製した下の写真のような校舎であった（この写真の当時は「第四尋常小学校」）。この写真は、筆者が入学する十年ほど前に撮影されているが、一見したところでは筆者在学当時とそっくりである。校地の南東角から撮影されており、写真の左端、木が茂っている左手に屋内運動場（兼講堂）、下半分を占める運動場の一番手前（写真の柵が折れ曲がったあたり）の内側に、「竹登り」と呼ばれた攀登棒《はんとうぼう》が見え

校地の南東角から見た第四尋常小学校
（一宮市立中央図書館蔵）

ている。その右には、同じ柵沿いに右へ鉄棒、写真では識別できないが、続いて砂場など。柵沿いの右端に独立した建物が見られるが、これが運動器具倉庫（木の陰になっている建物）だと思われる。その隣に外便所があった。

運動場に面して右上（北）にある長い平屋の建物は低学年用校舎で、一年生の教室は写真中央の樹木のあたりから一年一組、順次右へ二組、三組……と続いて、二年生の教室と連なっていた。右端は建物内を通る通路を隔てて、グランドピアノが据えられた音楽室であった。

校舎全体は、次ページの図のような配置で、同図では戦後らしい「調理室」「給食倉庫」「児童図書館」「パン配給室」など戦時中にはなかった用途が見えるが、建物自体は戦時中と変化しておらず、図で上（北）から二棟は二階建てで、北舎が普通教室。中舎は一階に保健室（図では養護室）、理科準備室、理科室と普通教室、二階は普通教室であった。南舎は先ほど運動場側から見た校舎である。なお、図では中舎と南舎の間の中庭に「うんてい」とあるが、「雲梯《うんてい》」というのは数メートルの距離をぶら下

戦前、第四尋常小学校の親子運動会。
右奥の小建物が奉安殿（『80年のあゆみ』より）

前ページ写真の右（北）にあった
2階建て校舎（一宮市立中央図書館蔵）

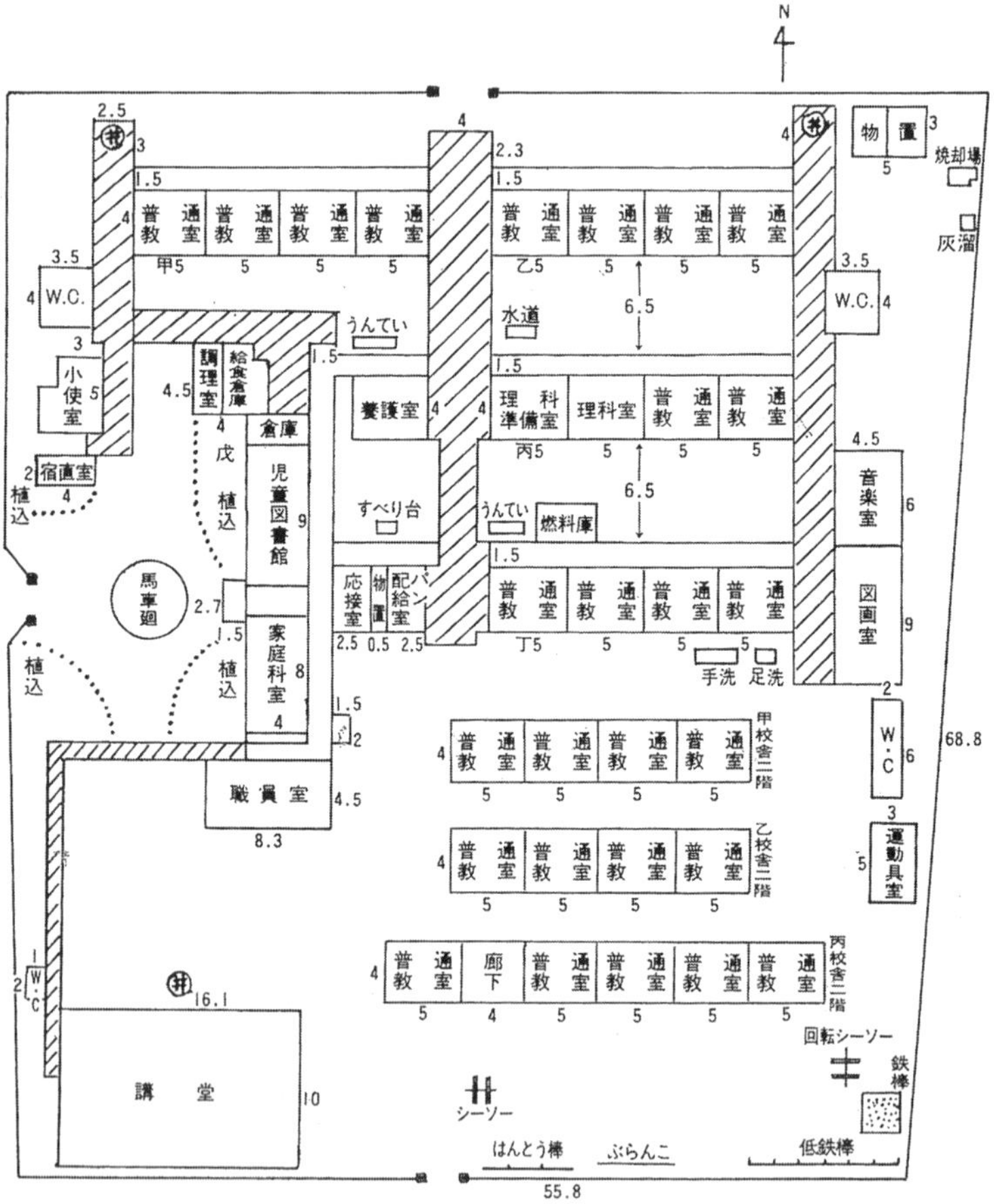


大志小学校の校地・校舎平面図（昭和26年）
『80年のあゆみ』〔参58〕より

がって渡る、弓なりの梯子《はしご》を六本の柱で宙に浮かせた、健康器具的な遊具である。もう一度運動場へ戻って、運動場の東側から西を見ると、53ページ左下の写真のような配置になっていた。左端の建物が屋内運動場（兼講堂）、その右の鉄骨が国旗掲揚塔、その右のこじんまりとした建物が奉安殿《ほうあんでん》、右端が職員室であった。52ページの写真で、電柱が串刺しになったような建物の左端が、この写真の右端の建物である。職員室は長い建物の端で、続いて右へ校長室、小部屋を挟んで五十畳敷きの畳部屋であった裁縫室。そこから右折して中舎へ続く配置であった。

このうち奉安殿と職員室は写真では並んで見えるが、実際には通路を隔てて西に奉安殿、東（手前）に職員室があった。職員室の右手奥（西）に正門があり、校門としては、右下の写真の二階建て校舎のほぼ中央北に北門、左下の写真の講堂の左、運動場の南にも通用門があった。

第四国民学校に一緒に入学した一年生は、五十人ぐらいのクラスが四組まであったので、同級生は二百人ほどであったと思われる。この年、市内全域では千数百人が入学したはずである。このうち、第一（現宮西）、第二（現貴船）、第五（現向山）と赤見、瀬部の各国民学校が戦災で焼失し、旧市内では第三と第四国民学校が焼失をまぬがれた。中でも第四は、焼失地域が数十メートルまで迫っていた。

## 「ヘイタイ　ススメ」

一年生の国語の最初は、「ススメ　ススメ　ヘイタイ　ススメ」。前年に、長年続いた「サイタ　サイタ　サクラガ　サイタ」から変わった軍国調の内容であった。

当時は、例外はあったが三、四人の子どもがいた家が多かった。国は、将来の「兵士や労働者」を増やす必要から、一九四一（昭和十六）年一月に近衛文麿内閣が「人口政策確立要綱」を決定した。これはまもなく「産《う》めよ、殖《ふ》やせよ」という標語の形で流布された。それより前、政府は一九四〇年から「優良多子家庭表彰」という制度を設け、十人以上の子どもを持つ母親を表彰し始めていた。筆者の母方の祖母も十二人の子どもを育てていたので、その該当者であった。そのうち十一人は男で、うち六人が徴兵され、一人は沖縄戦で戦死した。

筆者が生まれたのはこの政策の五年前であるが、当時は乳幼児死亡率が高く、国の政策とは異なる「家系を絶やさない」などの理由でも子どもの数は多かった。

一九四三年には「教育ニ関スル戦時非常措置方策」が閣議決定され、戦争遂行へ向けての体制が整えられた。そのころから、低学年を先頭に二列の隊列を組み、六年生（いなければ五年生）の分団《ぶんだん》長が先頭に立って、校門に入るまで引率する通学形態がとられた。音楽は、ドレミファソラシドは「敵性語」として禁止され、音符はハニホヘトイロハであった。

## 紙製の筆入れ、下敷き

別項で取り上げるように、当時は、戦争遂行のために必要な資源は可能な限り軍用に供する政策がとられていた。そのため、まず金属製品の回収が数次にわたって大々的におこなわれた。古い機械類はもちろん、各家庭の日常生活で使わなくなった鉄釜や鉄瓶、寺院の釣り鐘や各所の銅像などの供出《きょうしゅつ》（無料で提供する）が決められ、休日の小学校校庭などを利用して回収された。それと並行して、「ぜいたくは敵だ」というスローガンとともに、貴金属類や宝石などの奢侈《しゃし》品を使わない、また軍費の足しに寄付する運動も進められ、毛皮製品なども回収された。当初は出し惜しんでいた家でも、しだいに使い道がなくなるし、資産のわりに提供品が少ないと、隣組で「噂」などの形で疑いが広がったため、結局協力せざるを得なくなる。これらはいずれも原則として無償であった。

回を重ねるごとに集まる資源は減ってくるので、回収対象が細かくなり、一九四二年ごろには文房具類からも金属製品が極端に減った。例えば、筆者が入学にあたって買ってもらった学用品のうち、三角定規や分度器など、透過性が必要なものはセルロイド製であったが、

第一尋常小学校での銅像お別れ式
学校の銅像（○内）も資源として回収された
（杉本悦郎氏撮影、一宮市立中央図書館蔵）

下敷き、筆入れは紙製であった。物差しはそれ以前から竹製であったため不変。クレヨンはひたすら固くて色の着きが悪く、折れやすかった。

こうした、資源代替が必要で、在来の製品から素材が変化したものは「代用品《だいようひん》」と呼ばれた。紙製の下敷き、筆入れは、鎌倉時代ごろから仏像づくりなどにも取り入れられるようになった技法でつくられた。本来は麻布や和紙を漆《うるし》で張り合わせるように積層していく技法である。仏像や文房具以外では、仮面やお盆、文箱《ふばこ》、武士が被る笠などにも広く使われており、仏像の場合は乾漆像《かんしつぞう》と呼ばれ、東大寺の不空羂索《ふくうけんじゃく》観音立像や、大阪・観心寺の如意輪《にょいりん》観音像（いずれも国宝）などがこの技法でつくられている。実用品分野ではこの技法は「一閑張《いっかんば》り」と呼ばれていた。

一閑張り自体は、代用品ではなく、明治時代にも独立した製品分野であった。例えば、『尾張・三河 明治の商店 絵解き散歩』〔参44〕に収録された、一八八八（明治二十一）年発行の『尾陽商工便覧』には、下の図のような一閑張り業者が紹介されており、右の商品紹介に「文房

紙製の筆入れ（ピースあいち蔵）

『尾州商工便覧』に掲載された一閑張り業者

具」、下の商品図の左端に筆入れらしいものが描かれている。

本来は軽くて丈夫なものであるが、戦時下では子どもの文具類に麻布や和紙を使うことはできず、紙質のもろい再生洋紙などを素材にして固めてあった。そのため、下敷きなどは強く曲げると折れてしまい、一度で使い物にならなくなる。筆箱は、角をぶつけるとひびが入ったり穴があいたりする代物であった。さらに、非常に欠けやすいパルプを樹脂で固めた成型品なども売られるようになった。

## 紙製のランドセル

ランドセルは学用品を運ぶ背負い鞄《かばん》で、現在使われているものと基本的に同じものである。その原型は、幕末期に幕府の洋式軍隊制度採用とともに導入されたオランダ兵士の背嚢《はいのう》であったといわれるが、そうした由来とは別に、両手をあけたまま教科書や文具類をまとめて運べるので、小学生に適切な鞄であった。筆者が入学するころには、牛革は軍用に回され、外装は薄い豚革、内貼りはボール紙と布という製品で、二、三年で内側がすり減って傷んでくる有様であったが、それでも戦災まで使い続けた。

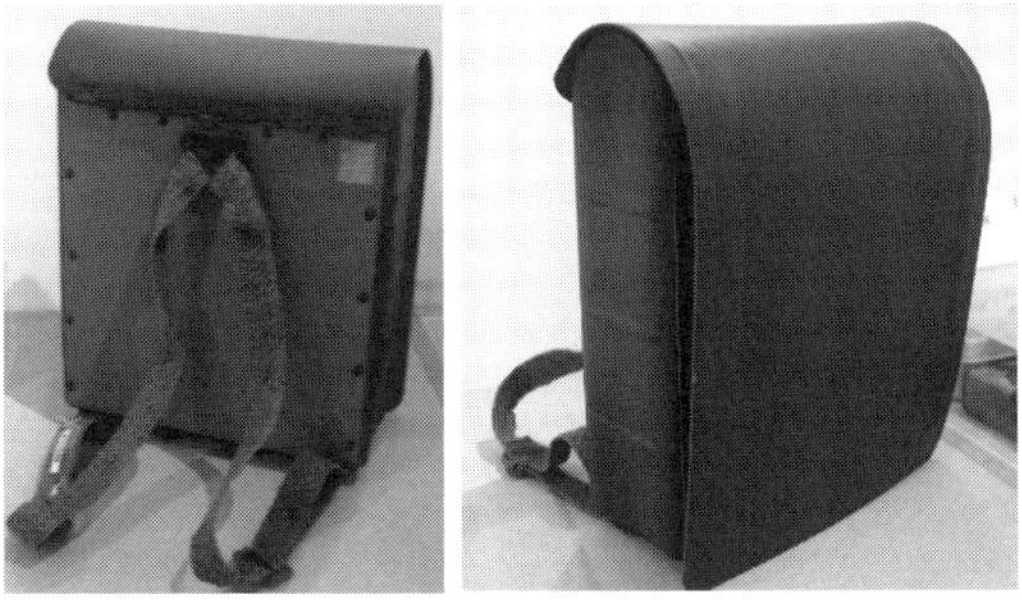

紙製のランドセル（ピースあいち蔵）

筆者よりも三歳年下の連れ合いは、国民学校一年生の時に名古屋で終戦を迎えた。その年の初めに祖父から入学祝いとしてランドセルを買ってもらったそうであるが、これは紙製で、色はあずき色だったという。気に入ったランドセルが入手できて入学を楽しみにしていたが、一九四五年三月の名古屋空襲で現中区にあった自宅とともに焼失してしまった。通学するはずであった小学校も、身体検査を受けに行っただけで全焼してしまった。そのため、このランドセルを背負って通学する機会はなかったし、学校が燃えてしまったために入学式もなかった。「一年生の一学期は自分だけ祖父の家に預けられ、学校へ通った記憶がない」そうである。さらに名古屋へ戻った二、三学期も通うべき学校がなく、民家の座敷で和裁用の長い机を囲んで授業を受けたという。二年生からは隣の学区である新栄小学校の講堂を仕切った教室で学んだ。教科書は国語だけ新聞紙を折りたたんだようなものがあり、ほかにはなかったと記憶している。

物資不足は一宮でも似た状況であったと思われるので、筆者の二、三年後の新入生の多くは、外装も内張りも紙製のランドセルで通ったはずである。

## 防空頭巾と頭陀袋

空襲の危険が迫った一九四四年ごろから、大人も子どもも外出時には「防空頭巾《ずきん》」と通称「頭陀袋《ずだぶくろ》」が必携用具になった。「防空頭巾」というのは、頭を保護するための、今でいうヘルメットにあたるものだが、最初は、やや薄手の座布団をふたつ折りにして短辺の一カ所を縫い合わせ、長辺の真ん中あたりの外側に、幅二センチメートルぐらい、長さ一・五メートルぐらいの帯状の紐《ひも》を縫《ぬ》い付けたものである。使うときには、縫い付けた部分を上にして被り、細帯状の紐を首に回して、あごの下で結びつける。被ると物音や声が聞きとりにくくなるが、冬などは防寒用に被る子もいた。通学時には肩へ斜め掛けし、教室では机の横に掛けたが、冬などはひざ掛け代わりに太ももに乗せている子が多かった。

「頭陀袋」は、「非常用品袋」というのが標準的な呼び名だったかもしれないが、筆者も周囲の人たちも「頭陀袋」と呼んでいたので、ここでは慣用語で呼んでおく。これは、帆布《はんぷ》などやや厚手の布でつくられた布製の肩掛け鞄で、多くは母親の手づくりであった。大きさは決まりがなく、小さい子どもはB5サイズ、大人はB4サイズほどの、幅十〜十五センチメートルのものが多かった。被災したときに当座必要な物を入れて、常時持ち運ぶ鞄で、用途としては今の「非常持ち出し品ザック」である。これも通学の必携品であった。そのため、背中はランドセルの定席になっているし、肩も一方には

当時の小・中学生の標準的な服装（ピースあいち提供）

防空頭巾が掛けられるため、おのずから空いたもう一方に掛けざるを得ず、どの子も両肩に×印状に掛けていた。中に入れる物には決まりはなかったが、いつ使うかわからないのに毎日運ぶ必要があり、軽量、少量の方が望ましい。そのため、下着の替え一組と簡単な薬品二、三種類、包帯、ガーゼなどがほぼ定番で、長時間自宅から離れるときには、必要なものを加えて原則として常時持ち歩いていた。

## 二宮金次郎像

学校には、奉安殿《ほうあんでん》（49～50ページのコラム「奉安殿と教育勅語の奉読」で紹介）から数メートル離れた並びに、一・五メートルほどの高さの四角な台座に、十歳前後と思《おぼ》しき薪を背負った丁髷《ちょんまげ》姿の子どもが本を読みながら歩く姿を模した、高さ一メートル前後の石像が置かれていた。「二宮金次郎像」である。二宮金次郎は、小田原（現神奈川県）出身の江戸時代の藩政改革家であった二宮尊徳《そんとく》の幼名である。当時教えられた説明では、「貧しい農家出身の金次郎は、少年時代から農業や山への薪拾いの傍ら本を読んで知識を付け、やがて各藩から藩財政の立て直しを頼まれるほどになり、修身の教科書で取り上げられるほど尊敬されるようになった人だ。君たちも見習ってよく勉強しな

神山小学校に現存する
二宮金次郎像

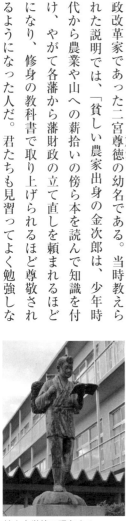

さい」という趣旨であった。

その後、書籍などで知ったところでは、蓄財しては農地を買い、小作農家（通称・水呑百姓《みずのみびゃくしょう》）から土地持ち農家（本百姓《ほんびゃくしょう》）へと転身した理財能力が評価されていた。いずれにしても彼は藩主らに招かれるほどの成功者であり、小学校では、今は貧しい家の子でも努力次第で成功の道があることを教える教材として使った。そのため、この像の前を通る時には立ちどまって会釈《えしゃく》するよう指導された。今は、本やスマートフォンを見ながら歩くのは危険なので、教材としては不適切で、多くが撤去されたと聞く。

# 学童疎開

## 学童疎開の始まり

一九四四年から学童疎開が始まった。この時期には、中学生以上はすでに即戦力として使われていたので、次世代の兵士や労働者を温存するため、「国民学校児童（小学生）」を安全な場所へ移転させる政策であった。きっかけになったのは、この年六月十六日夜、北九州の八幡製鉄所を標的とする本格的な空襲がおこなわれ、「本土空襲」が始まったからである。このときに空襲を行った米軍機は、中国・四川省の成都から出撃したもので、航続距離の関係で北九州までが限度であったといわれている。しかし、これによって空襲の拡大が予想されるようになり、同年八月には東京からの学童疎開が始まった（第一陣は八月四日）。同月、もっとも戦場化しやすいと考えられた沖縄から本土への学童疎開も始まった。

当時の一宮は、市内（郊外）浅野の常保寺へ、名古屋の亀島国民学校の児童百六十人、笹野の好光寺へ百人が疎開してきたように〔参8〕、集団疎開先であり、一宮市内の学校が集団で疎開する動きはなかった。

学童の集団疎開は強制ではなく、できるだけ安全な地域へ自主的に疎開させるのが原則で、身寄りを求めて疎開するのでこれを「縁《えん》故《こ》疎開」と呼んでいた。しかし、それが難しい家もあるので、都会では、残った子どもをまとめて、学校全体として地方の寺院などへ疎開するタイプもあり、これは「集団疎開」とか「学校疎開」と呼ばれた。「空腹だった」思い出が語られることが多いのは集団疎開の方で、縁故疎開では、地元の子たちに「いじめられた」記憶を語るものが多い。

筆者は一九四四年春から国民学校の三年生であったが、後述するような「配給所の維持」という事情があって疎開することができず、そのまま通学した。同じ組に数人の転入生があ

笹野の好光寺へ疎開してきた名古屋の子どもたち
（一宮市博物館蔵）

り、一宮とは異なる話し方が興味深かった記憶がある。

## 一宮への学童疎開体験

この年、東京から小学四年生の従姉《いとこ》、旧姓星野幸子《ゆきこ》さんが一宮の祖母の家へ疎開してきた。彼女の父親が勤める東京の食品商社は大阪に本社があり、小さいころから、父親が本社へ行くときに彼女を連れていき、途中の尾張一ノ宮駅で下車して父親の生家に彼女を預け、大阪での用が済むともう一度立ち寄って、彼女を伴って帰京するという機会が時々あったそうである。だから一宮への単身疎開にはそれほど大きい抵抗はなかったようであるが、当時国民学校四年生であった少女が、夏休みから一宮に住むようになり、二学期から第四国民学校へ通うようになった。

学童疎開体験者の一例として、ここに彼女の手記を紹介させていただく。疎開先は現在の栄四丁目（当時は明治通り。石材店）、文中に出てくる「富美子叔母様」は彼女の父の弟嫁にあたる叔母で、疎開先の主婦である。幸子さんには学齢前の妹と生後まもない弟がいたが、この二人はまだ小さいので親元に残った。東京の空襲が激しくなった一九四五年に父親が転職し、一家をあげて一宮へ転居して再び家族で一緒に暮らすようになった。戦後も東京へは帰らず、南部中学校（新制一期生、第三回卒業生）、一宮高等学校と進んだ。

## 東京の学校のこと

私は国民学校一年生から四年生の一学期までは東京の国民学校へ通っていました。校門を入るとすぐに奉安殿が有り、最敬礼をしてから教室へ入りました。雨の日以外は、毎朝、ランドセルを置くと運動場へ集まり、校長先生か教頭先生のお話を聞いてから、しばらく二列に並んで運動場を行進しました。その間、お喋りは禁止でした。校内には兵隊さんが居たようでしたが、行進の指導は先生がなさいました。授業は、とくに嫌な科目はなく、どの教科も楽しかった記憶です。

東京の学校にいた時期に、父と慰問袋を二十個作り、陸軍省と海軍省へ十個ずつ持って行ったことがありました。これには、戦地から兵隊さんのお手紙が二通届きました。喜んで頂けて、私も嬉しかったです。さらに、学校でも先生に褒めていただいて、今も記憶に残る楽しい思い出です。

## 一宮へ疎開

三年生の三学期頃から空襲が激しくなり、四年生（筆者注、一九四四年度）が始まってまもなく、全員が「疎開」することになりました。自分たちで疎開先を探せる人は親戚などへ「縁故疎開」し、行く先が探せない人は鎌倉のお寺に「集団疎開」しました。父は仕事があるため両親は東京に残り、私は父の実家がある一宮へ一人で縁故疎開することになりました。

当日は父が付き添ってくれましたが、始発の東京駅から汽車はすごく混んでいて、子どもは押しつぶされそうでした。そこで、ほかの人と同じように父に窓から押し込んで貰ったことが強く印象に残っています。しばらくすると父は入り口から人混みをかき分けながら乗り込み、二人で出発しました。指定席でしたので座ることはできましたが、荷物もあるし窮屈です。そのうちにあちこちで子どもを網棚に上げる人が出てきて、私も父に上げてもらいました。だから寝転んで移動することができ、楽ちんでした。

一宮では、父の実家である明治通りの星野石材店にお世話になりました。すでに何度も一人で泊まったことがある家でしたし、お祖母《ばあ》様も従兄《いとこ》たちも仲良しでしたので、それほど寂しくはありませんでした。転校した学校は、星野の家からまっすぐ東へ行けば校門を入ってしまえる第四国民学校でした。

第四国民学校では、疎開・転校した直後に、教室で私の言葉が東京弁できれいだと紹介してくださり、先生にも友達からも仲良くしていただきました。勉強は、同じ国定教科書ですし、東京の方が進度が少し早かったので、最初は復習のようで特に違和感なくついて行くことができました。宿題などで判らないところは、富美子叔母様に教えてもらいました。

ちなみに、東京の学校で一緒だった集団疎開したお友達は、疎開後まもなく疎開先のお寺に焼夷弾が落ちて焼け出され、散り散りになってしまったそうで、その後は音信不通になりました。

## 第四での新しい発見

東京の学校と第四と比べて、わたしが感じた違いは、東京では質問や意見をよく出しましたし、自由課題が出るとそれぞれが自分で考えてテーマを決めていました。それが第四では、先生の話はほぼすべてそのまま覚える「丸のみ」タイプの人が多く、友達のを真似る人が多いのが気になりました。例えば、自由題の作文を書く課題だと数人が固まって同じテーマで書くとか、写生の時間だと数人ずつ固まって同じ風景を描く人が多く、私には異様に見えました。私自身は、あまり他の人との均衡を気にしないので、自分で好きなテーマを見つけて書いていました。それをとがめられた記憶もありません。

一つ、東京の学校と大きな違いがありました。それは、生徒どうしの噂で、一宮では親が盆・暮に先生に品物を届けるという話が拡がったことです。そういう事をする家の子どもを指して、生徒どうしで「あの人はミコ」（筆者注、ミコは「先生の見込みがよい」の略。えこひいきしてもらっているとの意）と言いあっていることで、初めて聞く言葉でした。

学校での遊びは外が多く、男女はほぼ別々で、女子はゴム飛び、石蹴り、隠れんぼなどが多かった記憶です。

遊びとはちょっと違いますが、東京を発つときに、父が東京の宛先を書いた葉書を何十枚も持たせてくれたので、寂しくなったり、何か欲しいものができると、一宮での様子を書いてポストに入れるのが楽しみでした。

**星野家の地震対策**

四年生の冬に、年末近くと年明けまもなく、大きな地震が立て続けに二回ありました。星野家のおばあ様（父の母）は濃尾地震経験者だそうで、日頃から「うちは石屋だから地震の時は絶対に外へ出るな！　家の大黒柱の元へ集まれ」と言われていました。地震に遭うと外に飛び出す人が多いのですが、この家は石材店のため、地震で、積み上げた石や石灯篭などが倒れてくる恐れがあり、かえって外は危ないという事でした。だから、この地震の時もおばあ様たちと一緒に大黒柱にすがってしのぎました。

そのほか、親と離れて暮らすのは寂しくなかったわけではありませんが、私は性格的に一人で考えて行動するタイプですので、親と離れた生活も「戦争に勝つためだ」と我慢していたのだと思います。

**疎開先が空襲で焼け出された！**

空襲警報の連続で、ほとんど学校へ行けなかった五年生の七月二十八日に、疎開先の星野石材店も全焼してしまいました。その頃には、母たちも一宮へ引っ越していましたので、私たち一家は母の在所である稲沢の西の方の農家の離れを借りて、母の母である祖母たちと暮らしました。学校も奥田国民学校へ転校し、間もなく終戦を迎えました。

この学校でのことは、思い出せることが少なく、手旗信号や、トン・ツーというモールス信号を覚えさせられたこと、遠くまで畑仕事を手伝いに行かされたことが思い出されます。

良かったことは、戦後間もなく父が東京の商社から愛知の金属会社へ職を替わり、東京を引き上げて一宮へ来てくれて、六年生から再び家族が一緒に過ごせるようになったことでした。終戦の翌年に一宮市殿町の石材置き場の一角に、一宮市が斡旋してくれたバラック住宅を建ててもらい、家族で住み始めました。五人住むには手狭でしたが、家族が一緒に住めて幸せでした。

翌年には、南部中学校の新制最初の入学生になりましたが、当初はまだ校舎がなく、被災を免れた第四小学校（旧第四国民学校）の教室で二部授業を受けたりして、二年生の夏に浅野のバラック校舎へ移転しました。夏休みの暑い日に自分の机と椅子を第四から浅野まで運んだことを覚えています。

その南部中学校では、占領軍の教育部門の偉い人が、当時教育モデル校であった南部中学を視察されたことがあり、川村校長先生と並んで歓迎の花束をお渡ししたことがありました。

### 建物疎開・人口疎開

同じ「疎開」の用語が使われたものに「建物疎開」というものがあった。これは空襲に備えて防火帯を確保したり、鉄道や軍事施設など、爆撃されやすそうな施設周辺の、一定の範囲の家を取り壊してしまうものである。一宮でもこれに便乗して、かねて計画していた音羽通りと千歳通りを疎開名目で拡幅したとされている〔参8〕。

筆者の同級生の平光政見さん（一宮空襲記録「この街は戦場だった」〔参90〕にも登場）は、戦時中も今も現在の栄四丁目に居住されていたが、住居が東海道線から五十メートルほどしか離れていなかったため、鉄道保安の建物疎開にひっかかり、ご近所ともども転居を余儀なくされた。平光さんのお宅は同じ町内の空き家に引っ越されたそうであるが、その家も間もなく一宮大空襲で焼失してしまった。

一宮の話ではないが、筆者の連れ合いの実家は、名古屋の鶴舞公園の近くで道路（防火帯）拡幅の建物疎開にかかって、工場を残して住宅の転居を余儀なくされた。この疎開によって工場と住まいが分離し、さらにまもなく経営者である父親が徴兵され、残った母親は設備の一部とともに愛知時計へ徴用されて、打ち抜きプレス作業に従事されていたそうである。

なお、徴兵された父親は出兵先が不明で、家では中国大陸のどこかだと推定していた。ところが戦後、引き揚げ後に聞いたところでは、沖縄で飢えに苦しめられていたということであった。数少ない沖縄からの生還者の一人であった。

さらに、今回、本書の執筆を機に知ったことであるが、「人口疎開」と呼ばれる疎開があったようで、名古屋市の大がかりな建物疎開にともなって二千人余が一宮へ移転してこられたそうである〔参8〕。

# 第四章

# 一九四五年前半のくらし

# 物価統制・配給制

## 「マル公価格」の制定と表示

日本政府は、真珠湾攻撃に先立って、戦争準備のベースとして国内の物資と物価を統制した。一九三九（昭和十四）年四月十二日から「米穀配給統制」を開始（同法公布）し、同年十月十八日には「価格等統制令」を公布して、主要商品に(公)（マルコウ）印を付した価格を表示する公定価格制を実施した。この制度により、一九四三年までに約一万二千種類の商品に公定価格が定められたといわれる。これは、該当商品ひとつごとに、価格数字の前に(公)マークを付して統制価格を表示しなければならない制度で、価格は全国の同業組合組織が政府から委託されて定めた。指定された価格は都市と農村の生活費の違いや地域固有の事情は無視され、全国一律であった。指定店には時々抜き打ちで検査官のような人が巡回してきて、(公)価格が表示されているかどうか点検するため、店としては気が抜けない作業であった。

翌一九四〇（昭和十五）年六月には、東京・名古屋など六大都市で砂糖、マッチの「切符《きっぷ》制」が実施された。詳しい仕組みは次ページで述べる。

同年九月一日にはアドルフ・ヒトラー指揮下のドイツとその同盟国スロバキアがポーランドを侵攻し、ヨーロッパで第二次世界大戦が始まった。

## 消費統制の強化

日本国内では、新たに始めた配給制を円滑に運用するため、供給と需要（消費）を定量化する必要があった。そこで、政府は一九四〇（昭和十五）年にまず農家供出米制度を義務化し、米については「農家保有米」と呼ぶ規定量の自家用分を除く全量を、農会（現在の農業協同組合と似た組織で、強制参加）を通じて政府に売り渡させることにした。ついで、一九四一（昭和十六）年三月三十一日に「生活必需物資統制令」を発して、同年六月一日から、まず米、味噌、醤油、塩、マッチ、砂糖、木炭など、生活必需品十品目を配給切符制にすることを決めた。

こうしておいて、同年十二月八日に真珠湾を奇襲攻撃し、当時の呼び名でいう「大東亜戦争」を始めた。

そのおよそ一カ月後の一九四二年一月十日には、六大都市で味噌、醤油の切符制による配給を実施した。これは、商品代金のほかに、下の写真のような「切符」（一・五センチメートル×二・五センチメートルほどの四角の枠内に「衣料品」とか「砂糖〇匁《もんめ》」などと印刷されているもの。切り取って使う）を、隣組単位で登録した配給所へ持参して、目的の商品を購入する制度であった。もちろん代

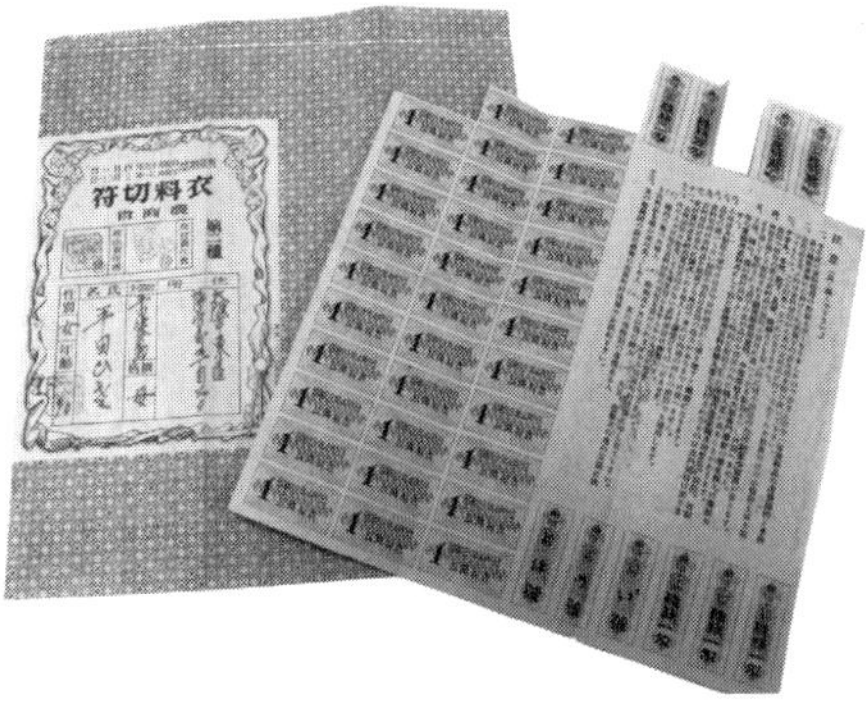


衣料切符の表（左）、裏（右）（一宮市博物館蔵）

金は支払うが、値段は㊣価格で購入できた。続いて二月には「綿衣料品切符配給制」を実施して、木綿製下着などを切符制にした。同じ二月の二十一日には「食糧管理法」を制定し、米穀（米の代わりに雑穀も配給できるようにされていた）の配給通帳制度を実施した。

配給といってもすべて有料で、「配給所」と呼ばれた指定店舗に顧客を登録させる方法で購入先を固定し、切符や記帳によって購買量を制限する方法であった。

一九四二年から前ページの写真のような綿製衣料品の切符制が始められた。都市居住者は一人年間百点、郡部居住者は同八十点とされ、衣料品の方は、背広五十点、袷《あわせ》（和装冬物外衣）四十八点、ワイシャツ十二点、手拭い三点などと衣料品目ごとに点数が決められた。この「配給点数」（購入できる限度量）は、翌一九四三年には二五パーセント増やされ、代わりに縫い糸なども切符制の対象になった。

なお、木綿製品以外については、絹製品はおもに落下傘の素材にするため取引を厳しく管理され、既存絹製品の使用も「ぜいたく品」として使用の自粛を求められた。麻製品は、ロープなどには使われていたが、衣料品としては市場に出回るほどの量はなかった。それらに代わって、戦後「合成繊維」と呼ばれるようになる初期の化学製品のひとつ、ステープル・ファイバー（略して「スフ」）素材の織物が配給された。一度洗濯すると目立つほど縮んでしまう代物《しろもの》であったし、生地としても弱かったが、しだいにこれが繊維製品の主流を占めるようになった。

同年六月には「戦時衣生活簡素化実施要綱」が決められ、成人男性は「国民服」と呼ばれる、軍服や学生服に似たカーキ色の洋服、女性には大人も子どもも「モンペ」（腰と裾にゴム紐を入れた作業着。色は自由だったが地味なもの）が奨励された。翌四四年には、早くも商品供給が間に合わなくなり、四月から都市・農村の区別が撤廃され、持ち点数が三十歳以上は一人四十点、三十歳未満は五十点に減らされた。また、背広は上下で五十点から六十三点へ、国民服上下は三十二点から四十点へ、モンペは十点から十二点へ、半袖シャツは六点から八点へ、パンツ・ズロースは四点から五点へなどと点数改定がおこなわれ、いっそう購入が制約されるようになった。一九四五年になると物資の配給はますます困難になり、終戦直前には衣料品切符は一人二十点に減らされ、下着一セットがやっと。それも、配給がなければ買いようがないという状況であった。

『新編一宮市史』〔参12〕は、当時の状況を次のように伝えている。やや長いが転載する。

「戦時下においては、物心両面からの統制の強化とともに生活必需物資の不足が深刻化し、市民の生活は窮迫の度合いを深めていった。食料についてみると、成人男子の一日標準配給量は二合三勺とされたが、その内容は当初の七分搗《づ》き米から、外米の混合、ひき割りとうもろこしの混入と低下するばかりで、総合配給制が取られるようになった昭和十八（一九四三）年からは、甘藷・馬鈴薯から果てはかぼちゃ・大豆粕までが主食の代替として配給されるようになった。（中略）尾西地方の織物業は、戦時体制の強化とともに強力な統制下に置かれた。

原材料の不足、織機の供出、施設・設備の強制的転用と続いた戦争の末期には、実質的な休業状態に追い込まれた。」

### 食糧事情悪化と闇取引の横行

食糧管理法に基づく標準配給量は、一九四一年の制定当初は、普通の大人（重労働従事者などは割り増しがあった）一日あたり二合三勺（約三百三十グラム）であった。実際の配給量は、一～五歳が百二十グラム、六～十歳が二百グラム、十一～六十歳が三百三十グラム、六十一歳以上が三百グラムであった。配給された「米穀」は、当初は七分《しちぶ》搗き米であったが、五分搗きになり、玄米のまま配給されることもあった。戦局の悪化とともに配給量はしだいに減らされ、それすら遅配や欠配の頻度が増えてきた。さらに、米の代わりに前ページに引用したような「代用食材」が配給されるようになり、一九四五年にはそれも途絶えがちになった。

そのため、米麦などが高値で取引される「闇取引」が横行した。闇米《やみごめ》価格の公定価格に対する倍率は一九四五（昭和二十）年十月が最大で、四十九倍にまで上がったといわれるが、これは戦後の悪性インフレ下の数字で、戦時中の闇値はそれほど上がっていたわけではない。むしろお金では買えない事態が深刻化した。当時、闇取引のもとになる米の主要な出どころは二カ所だと推定されていた。農家保有米と軍需工場である。

農家保有米というのは、供出米から自家用分として差し引くことができる米であるが、それを全部食べなければならないわけではないので、「余剰分を処分する」ことは可能である。しかしこれを現金で売ると統制違反になるし、少々お金を持っても買う物がない。そこで、価格が表面化しない物々交換という形で取引する方法が急速に拡大した。

当時、こうした物々交換に応じた半田市在住の山田玲子さんの実家、知多半島の内海町《うつみ》（現南知多町内海）での体験によると、「（実家は）大きな農家だったので、食べ物はありました。名古屋方面からリュックに着物を持って訪れた方々がたくさんいました。お米や大豆など『何でも欲しい』と交換しました。その着物は嫁入りに持ってきて、つくり直して今もあります」〔参64〕とある。当時、こうした取引は、本来は違法であったかもしれないが、農家が摘発された話はなく、ごく普遍的におこなわれていた。

一方、都市生活者の方は、交換できるものをたくさん持っている人は多くない。貴金属などめぼしいものは「供出（この場合は寄付）」してしまった後なので、当初は婚礼衣裳を提供した人が多かった。これは、未婚の女性がいる農家では喜ばれたが、それほどたくさん必要なものでもないため、交換比率はみるみる下落した。一九四五年ごろになると、婚礼衣装よりも実用的な木綿ものの方が喜ばれる事態になった。戦災罹災者の多くは当座の着る物にも事欠く家が多く、提供できる量には限度があった。

もうひとつの軍需工場というのは、戦争が激しくなるほど軍と軍需工場には米などの必要物資が優先配給され、しかも配給基準量が多かった。実際、軍需工場で働く正規雇用者の多くは、一日二食は工場で食べたという人が多い。しかも正規従業員の手記では、空腹の体験はほとんど見かけない。ところが、筆者が読んだ学徒動員者の手記類には、しばしば「空腹」や「ほとんど具のない、薄い味噌汁」の話が出てくる。食べ盛りということもあろうし、工場によって事情が異なることも配慮する必要はあるが、後述するような仕組みで、無償や低賃金の徴用工を配分してもらえる規模の大きい工場ほど、「処分できる米や食料」が出やすかった。ただこうした処分物資は、一般の人が買ったり交換できる品とは思えないので、どこかにそれを横流しできるルートがあったと考えざるを得ない。

## 闇取引の取り締まり

国立国会図書館の蔵書に、大阪府警察部経済保安課編『経済警察の常識 戦時経済警察展より』と題する冊子が収蔵されている(インターネットで閲覧可能)。『大辞林』(三省堂)によると、経済警察は「第二次大戦中、経済統制違反を取り締まるため設けられた警察組織」と解説されており、中央大学政策文化総合研究所年報第二十一号所収の金守香論文によると、これは一九三八年から一九四八年まで存在した警察組織で、「各府県には経済保安課ないし経済保安係が設置された」が、経済犯罪があまりにも多くて立ちゆかなくなったと報告され、その原因は、「(一九)四三年末から四四年中旬にかけて物資の窮乏特に食糧事情の悪化が激しく、主食の絶対的不足は闇取引や配給関連での幽霊人口を大量に生み出し『経済犯罪』をさらに増加させた」ためとされている。その結果、東京、大阪など大都市では、週末になると十万人単位の人たちが遠近の農家へ出かけ、「運が悪いものが捕る」状況になった、とされている。

この論文では「都会では」と限定的に記述されているが、筆者が体験した一宮のように、農村に囲まれた地方都市の実情とも符合するので、紹介させていただいた。こうした食料不足、特に主食不足にともなう混乱は、敗戦後にはいっそう激烈になったが、この現象は物資不足といっても「あるところにはある」ことを示している。

自家用車はほぼない時期のできごとであるから、出かける手段は自転車か列車であった。休日や勤務の非番の日には、手が空いている人が近隣の分もまとめて食料品を探しに出かけた。入手できるのはサツマイモやカボチャだったりすることも多いが、それでも入手してくる必要があった。運よく米が入手できても、警察の取り締まりに遭えば、窓から放棄するか捕まって罰金を科せられるかであったが、そうした闇行為の良し悪しを超えてでも、出かけなければ食糧が確保できなかった。

## 自家精米、自家製粉

苦労して入手できた闇米は、多くが「玄米」であった。そのままでは炊いても柔らかくならないので、ガラスの一升瓶に三分の一ぐらい米を入れて、太さ一・五センチメートルぐらいの木や竹の棒で二時間ほど搗《つ》き続けると七分搗き（純白にはならない）ぐらいになる。これを可能な限り多くの雑穀などを混ぜて炊いたご飯がごちそうであった。

小麦が入手できたときには、台所の棚に寝ていた肉挽機の刃先を付け替えて製粉し、自家製の小麦粉をつくって「すいとん（小麦粉を水で練ったもの、またはそれに塩を加味したもの。これを澄まし汁や味噌汁に入れて加熱すると固まる）」にして食べた。小麦の皮も混じった舌触りのよくない団子であったが、いつも食べられる食事ではなかった。米の代わりに「ふすま」と呼ぶ小麦の皮だけが配給されることがあり、我が家も並んで入手したが、これでつくったすいとんだけは「不味《まず》い」と思った。筆者は、何でもおいしく食べられるサバイバル向きな味覚音痴《おんち》であるが、戦中・戦後を通じて唯一「不味い」と感じた食品であった。それでも、これもお米代わりの配給品であり、多くの人が一時期飢えをしのいだ貴重な食糧であった。後年、どこかでそれを話題にしたことがあったが、そこに同席した人からは、「あんなものは牛のエサに混ぜるもので、人間の食うもんじゃない」と一蹴された。そういうものも配給されて、お金を払って「米穀通帳」に記入してもらわないと入手できない時代であった。

## 家庭用品販売と企業整備

### 国民徴用令と徴用

一九四一（昭和十六）年十二月八日から「正式の」戦争に突入し、いよいよ戦時下の時代に入る。それ以前の、おもに中国での侵略行為は、宣戦布告なしの、国際的には違法な私的侵略行為で、日本政府も「戦争」の用語を避けて「事変《じへん》」などと呼んでいた。それに対して真珠湾攻撃では、結果的に予定時刻までに相手国へ連絡が届かず違法な「奇襲攻撃」になったようであるが、日本政府としてはアメリカやイギリスへ「宣戦布告」し、「事変」ではなく「（大東亜）戦争」と表現した。

国内向けには、翌一九四二（昭和十七）年に「企業整備令」を公布し、工場などは次々と軍需工場に転換したり、下請けに組み込まれていった。軍需転用が困難な中小企業や商工業者は三～四店舗ずつをまとめる形で強制的に統廃合させられた。我が家は、次に述べるような「配給所」に指定され、一九四三（昭和十八）年には国民徴用令によって父は軍需工場へ徴用された。この法律は、国家が必要と認める場合にはいかなる職能の技能・技術者でも指定の職場に徴用することを可能にするものであった。筆者の父は、後述するように岡本工業奥町工場へ徴用された（140～142ページ）。

**家庭用品の配給所**

一九四二（昭和十七）年の企業整備令で、半ば強制的に商店も同業組合に組織され、その段階で多くの店が廃業して徴用予備軍になった。制度的には三～四軒前後で組合を組織して共同経営するという方法もあったが、その場合は、営業を続ける一軒以外の経営者はその店に雇用される形になるが、現実には残った店も他人を雇用できるほどの規模ではない場合が多く、多くの店主は徴用予備軍になった。もっとも、配給所に指定されてもそれで徴兵や徴用をまぬがれるわけではない。

我が家の場合は、どのような経過でそうなったのか今では知る由もないが、「配給所」の指定とともに単独で営業する許可がおりた。第二次大戦中の配給制度については、戦後まで続いた米穀や衣料など、「切符制」がとられたものに関する記述は多いが、そのほかにも、パンや菓子、タバコなどのように、消費者への販売では配給先を規定せずに一見自由販売の形を取りながら、小売店や製パン業者などの製品販売量や原料供給量を規制する配給制度もあった。『一宮の歴史 第二版』に別掲のような統制・配給の拡大経過がまとめられているので、紹介しておく。

生活物資統制の経過（『一宮の歴史 第2版』〔参54〕より）

| | | | |
|---|---|---|---|
| 1940 | 配給制 | 昭和15年 | 10月ーマッチ、木炭、豆炭、地下足袋、綿製品、乳製品。衛生綿、鉄鋼釘、セメントなど指定配給所から配給 |
| 1941 | | 16年 | 米ー通帳制による割り当て配給（一人一日２合３勺） |
| 1942 | | 17年 | １月ー味噌、醤油 |
| 1940 | 切符制 | 昭和15年 | ６月ー砂糖（一日半斤）11月通帳制へ |
| 1941 | | 16年 | ー食用油、酒、乾麺 |
| 1942 | | 17年 | ２月ー衣料品（総合切符制） |
| 1943 | 総合配給制 | 昭和18年 | 第１号ー主食料品（甘薯、馬鈴薯、カボチャ等を含む）<br>第２号ー調味料、マッチ、食用油、その他の炊事用品<br>第３号ー菓子類、石鹸、ちりがみなどの家庭用品<br>第４号ー燃料<br>その他ー牛豚鶏肉、酒、地下足袋は単行切符 |

我が家の扱い商品の中で、統制品は金属製品（鉄器、アルミ製品、銅製品、真鍮《しんちゅう》・ニッケル製品など）で、具体的な製品としては、鍋・釜・やかん・洗面器など（当時は大半がアルミ、アルマイト製品）が該当した。指定販売日になると店頭に朝から購入希望者が並び、購入品と引き換えに、代金と、商品と同重量・同一種類の古い金属製品を受け取る仕組みであった。ただ、当時の製品はおもに鍋蓋の周囲に太さ二・五ミリメートルほどの鉄線が入っていた。売り渡す新しい鍋蓋にも同様の鉄線が入っているので、今考えればおかしな話であるが、回収する金属からはこの鉄線を除かなければならなかった。

本来の売買業務は母が一人で奮闘し、傍らでペンチで鍋蓋の端をめくりあげて、鉄線を引き抜いたり、計量したりするのが当時の筆者の役目であった。

## 販売商品の変化、「代用品」

一九四〇年代に入ると、店頭の商品から金属製品が減り、しだいに木製品や竹製品、紙製品（一閑張《いっかんば》り）、陶磁器などに置き替わった。アルミ製であった汁すくい（お

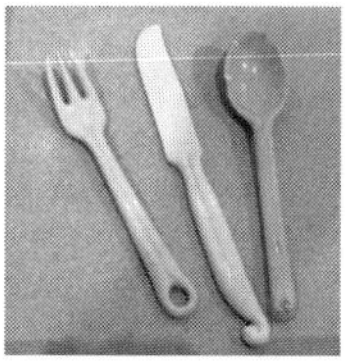

◀陶製の洋食3点セット

▲木製のバケツ

紙製の洗面器▶

（いずれもピースあいち蔵）

玉杓子《たまじゃくし》）に代わって、以前の分厚な木杓子が復活し、これだと鍋底などが掬《すく》いにくいので、アコヤ貝の貝殻に竹製の柄を付けた観光土産のような貝杓子も売った。木製・漆塗りが普通であったお盆が、そんな手間をかけることができなくなって軽い紙製に替わり、水筒、湯たんぽ、スプーンなどが陶磁器製に替わるなどの変化が進んだ。紙製の洗面器や木製のバケツ（タガのはまった桶《おけ》ではなく、前ページ写真のような軽い曲《ま》げもの製）なども出回った。こうした新しい製品はひとまとめにして「代用品」と呼ばれた。出回るより前に敗戦してしまい結果的に流通はしなかったが、硬貨の金属を節約するために、京都市で十銭、愛知県瀬戸市で五銭、佐賀県有田市と瀬戸・京都で一銭の陶製硬貨まで試作された。

一方で、金属製品以外は統制外の商品が多く、大小さまざまな形態・用途の竹笊《たけざる》や竹籠《たけかご》、座敷用・庭用など各種の箒《ほうき》類などは、原料面の制約は受けなかった。そのため、金属製品が入らなくなるにつれて、こうした製品が取り扱い商品の主役になった時期もあったが、こちらは徴兵や徴用で職人さんが次々と減り、父が非番の日には、食料品の買い出しを兼ねて新しい職人さん探しに出かけていた。竹製品でいえば、現在の江南市一帯が我が家の主要な供給元であったので、そのつてをたどって探していたようすであった。

わら縄やむしろ、上敷きなど、従来扱っていなかった嵩高《かさだか》い（場所を取る）製品も扱うようになった。陶磁器類などは、鉄鍋に代わって土鍋や土瓶《どびん》が復活し、戦災直前には店頭の四分の一ほどを各種の陶磁器が占めるほどになっていた。

## お菓子も配給制に

一九四一（昭和十六）年ごろになると、乳幼児・学童向けの菓子類も不足し始めた。当時の間食は、蒸しイモやそれを薄く切って干したイモキリボシ、果物のイチジク、スイカ、ミカンなど、季節によって入手しやすい物が主であったが、幼児にはビスケット、児童にはせんべい、飴、キャラメルなども求められた。ところが、こうした工業製品である菓子類が不足し始め、「甘いものに飢える」現象が広がった。筆者はこの年、小学校入学の前年で、キャラメルを箱（十個入りと二十個入りの二種類があった）ごともらうと、「一日二粒」などと自主規制して大事に食べた記憶がある。

神戸大学経済研究所が所蔵している昭和十六年八月四日付の読売新聞に「お菓子の種類統制 販売も子供に優先権」という見出しの記事があり、要約すると「最近、砂糖や小麦粉などの材料が少なく、利益率が高いワッフル（記事では「ワップル」と表記）やゼリーなどが増えている。それを是正するために、キャラメルやビスケットなど菓子の種類を絞って生産し、それを全国の組合系販

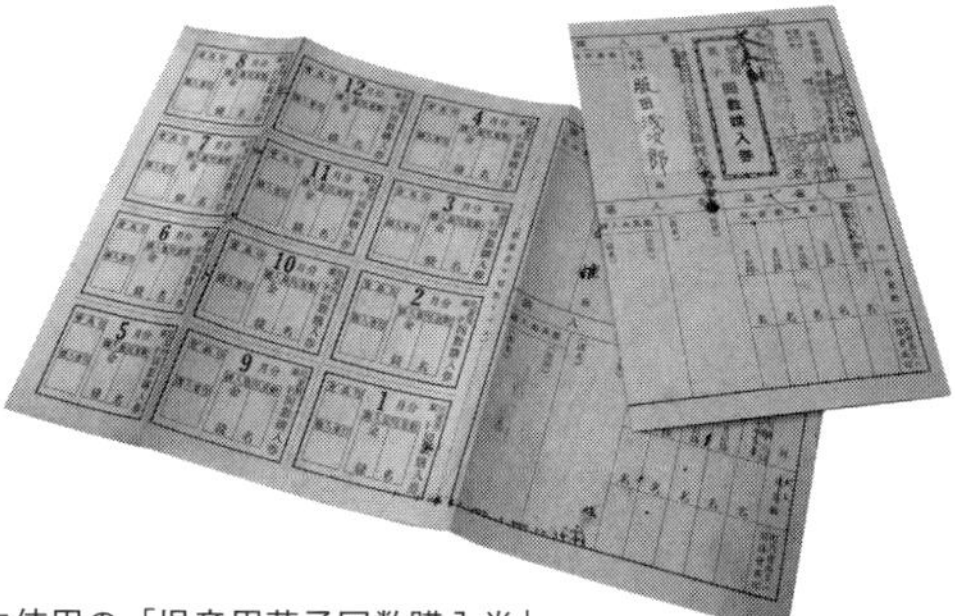

未使用の「児童用菓子回数購入券」
（一宮市博物館蔵・旧丹陽村役場旧蔵資料）

売ルート（配給所）を通じて全国へ販売する」とされている。この仕組みで実施されたのは昭和十七年五月からであった。

一宮市博物館にはこの配給制度で使われた「現物見本」と推定される、前ページ写真のような「児童用菓子回数購入券」が収蔵されている。これは有効期間が修正されているが、もとの時期は「自 昭和十七年五月 至 昭和十八年四月」となっている。この購入券は、世帯主の住所・氏名を記入して配布され、役場の公印が捺《お》してある公文書並みの扱いである。これを受け取ると、最寄りの菓子配給所へ持参し、配給所では写真右端の「児童用菓子登録票」を切り取って持参者の住所・氏名・該当人数などを記載して保存する（これが登録原票になる）。配給日になると、この「回数購入券」を持って菓子配給所へ出向き、購入すると、左の小さい区画を一片ずつ切り取られる仕組みである。もちろん菓子代金は必要であるが、㊣価格で購入することができた。

## 配給と闇取引の二重経済

昭和十七年度から配給制になった味噌については、各家庭に次ページの写真のような「家庭用味噌配給通帳」が配布され、この通帳を持参して、既定の購入量を買うごとに通帳に記載される方式であった。

配給量や購入者の管理方法は、商品ごとに少しずつ違いはあったが、いずれの品目とも、もともと十分な配給量ではないうえに、遅配や欠配によってそれも予定通りに売られないとなると、庶民としては他の方法（闇買い）で補わざるを得ず、日本経済、ことに消費流通では、「配給」と「買い出し」や「闇売買」（78～81ページ）との二重構造が避けられなくなった。

当時の新聞によると、この配給制度にも苦情が多発したようであるし、配給所が横流ししているのではないかという疑いも投稿されている。配給所の体験者からすると、こうした外部からの疑いの目と配給管理の抜き打ち査察のはざまで、「疑われないように」気を遣う毎日であった。

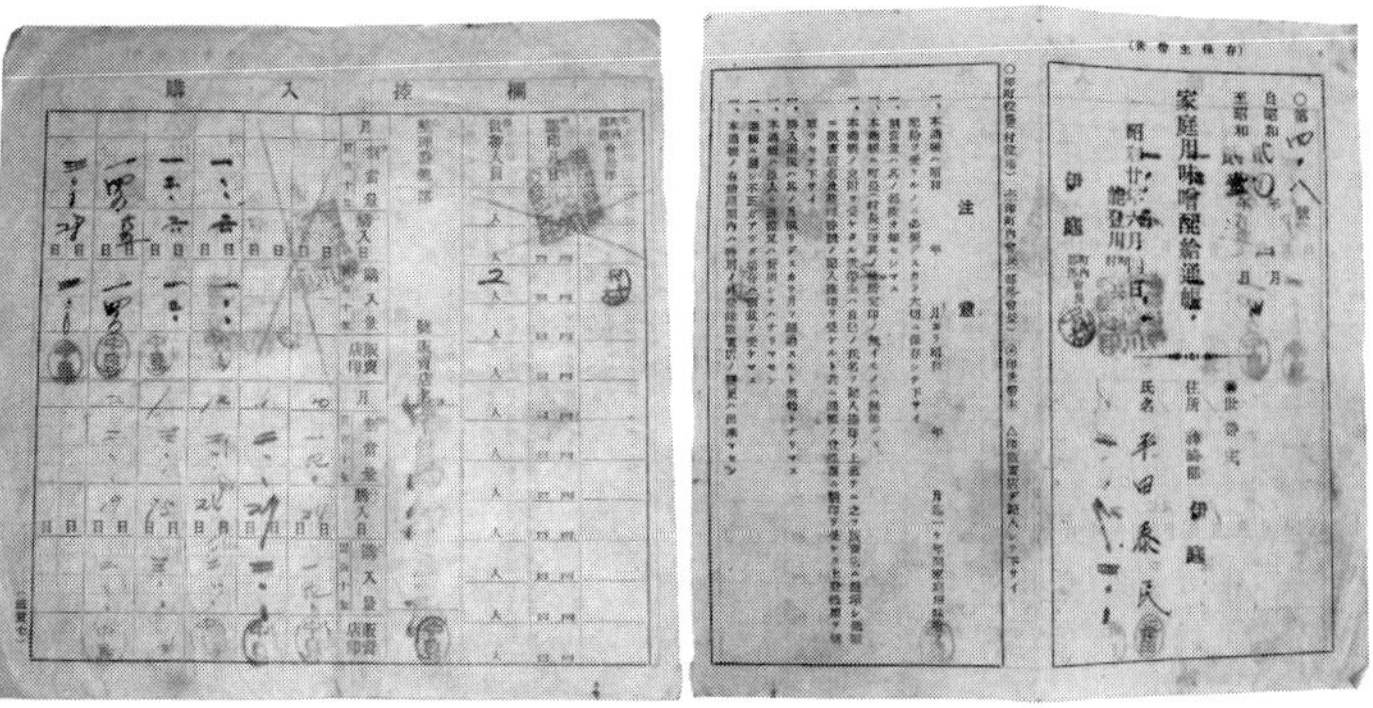
家庭用味噌配給通帳
注意

家庭用味噌配給通帳。配給を受けると購入量が記載された（一宮市博物館蔵）

コラム

## 陶製の「減り止め」

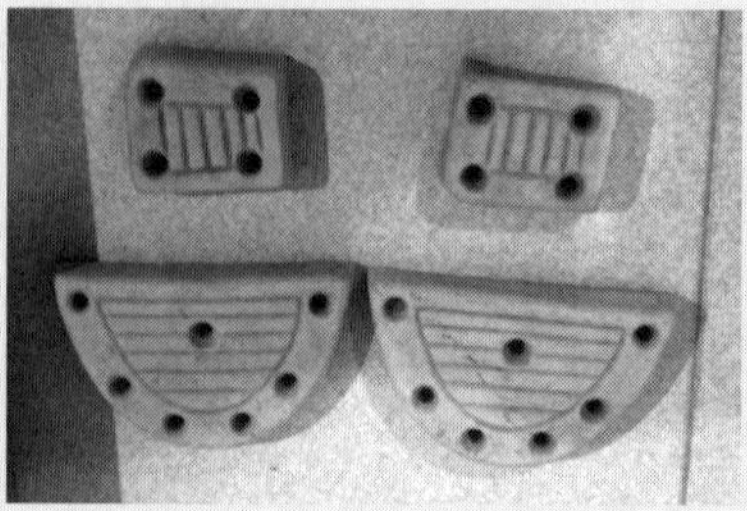

陶製の靴の減り止め。
上がつま先用、
下がかかと用
（ピースあいち蔵）

日本では、戦後まもなくまで庶民の日常の履《は》き物は木製の下駄《げた》であり、一〜二カ月も履くと歯がすり減ってしまって履けなくなった。それを軽減するために、子ども用の日常履きの下駄には「減《へ》り止め」と呼ばれる補助材が釘で止められ、下駄の歯が直接地面に触れるのを防ぐ工夫が施されることが多かった。落語の「代書屋」に出てくる「へりどめ」がそれである。下駄用の減り止めには、おもに自転車の古タイヤを下駄の歯の下面のサイズに切ったものが使われた。

靴の方は、一九四〇年代にはそれを履く大人自体が多くなかったが、学校では運動靴が日常的に履かれたし、男性には日常的に靴を履く人も増えつつあった（女性の日常衣類はまだ和服が主流であった）。運動靴は、競技用の革製や洋舞（バレエダンス）用の「トウシューズ」を除いて、甲は布製、靴裏はゴム製ですべて既製品。革製の靴は、軍隊用の靴（軍靴《ぐんか》）は既製品、紳士用靴は足に合わせて一足ずつつくってもらう注文生産であった。革靴は底も革製で、履けばすり減るし、靴底を交換するには大修理が必要で、新しい靴をつくり直すのに近い費用がかかった。

そのため、通勤用の靴などには、減りやすい先端と最後部の踵《かかと》に、鋳鉄製の減り止めを打ち付けている人が多かった。戦争が激しくなると、庶民がそうした消耗品に金属を使うのはもったいないということで、代用品として、写真のような陶製の減り止めが開発された。鋳鉄製の場合は、靴底に固定する釘も一体成型されていたが、陶製では釘で打ち付けた。さすがに竹釘では留まらなかったので、鉄製の釘が使われた。下駄の減り止めは、引き続き自転車の古タイヤが多かった。

## 二回の大地震

### 昭和東南海地震

一九四四（昭和十九）年十二月七日十三時三十六分、マグニチュード七・九の、のちに「昭和東南海地震」と名付けられた大地震が起きた。戦後の発表で、「熊野灘～尾鷲沖～浜名湖沖を震源地とする境界型巨大地震」であることが知られたが、時期的に日本各地が空襲を受けていたほか、この地震によって名古屋市内やその周辺、半田の軍需工場などが甚大な被害を受けたため、軍は秘匿《ひとく》しようとした。特に地震について緘口令《かんこうれい》的な措置が取られた記憶はないが、詳しい被害状況などは新聞でもラジオでも知らされないまま過ぎた。

この日、三年生であった筆者は、数日前から風邪で学校を休み、家で臥《ふ》せっているときに地震に遭った。当日は晴れか薄曇りで、寒い日ではなかった。

筆者の母は、その両親が濃尾地震（一八九一〈明治二十四〉年十月二十八日）の体験者で、その影響であったと思われるが地震に格別敏感で、特に「地割れ」を怖がっていた。そのため、庭の中央に、根の張りがよくて、幹がすべすべしているモチの木を植えていて、在宅時に地震に遭ったときには庭に飛び出してこの木にしがみついているのが避難法であった。この日も、風邪自体は回復していたので、いつものように庭の木に抱きついていたが、木造二階建ての我が家（店の反対側から見ている）がゆらりゆらりと揺れて、なかなか揺れが止まらないので不安を感じたことを覚えている。まもなく、店番をしていたと思われる母も合流した。父や兄は不在であった。

揺れが収まってからも、しばらくは「余震が来るかもしれない」ととどまったが、昼間とはいえ布団から飛び出してきたままなので、長く外にいるわけにいかず、まもなく戻った。その際、そのまま布団に戻った記憶があるから、屋内が散乱するようなことはなかったと思われる。店舗内の状況は記憶がない。町内ではこの地震で朝鮮の人が住んでいた小さい家が一棟倒壊した。その家族は無事であったし、町内にも周辺地域でも、怪我人が出た話は聞かなかった。

### 三河地震

東南海地震の翌月、一九四五（昭和二十）年一月十三日三時三十八分、マグニチュード六・八の「三河地震」に襲われた。今回はまだ深夜といえるような冬の早朝であり、月明かりもなかった。灯火管制下で明かりは点けられず、グラグラ揺れる屋内通路の暗闇を足探りで裏庭までたどり着いた。

この地震でも、一宮の本町通り南部では、少なくとも話題になるような被害はなかった。一部に「日本は天罰を受けているのではないか」というようなひそひそ話が流れ、母親から「そういう話はするな」、学校では「流言飛語《りゅうげんひご》（デマゴギー）に注意せよ」というような注意を受けた記憶がある。ただ、この手の話は子どもの間では時折流れるし、「流言飛語」への注意は繰り返しおこなわれていたので、この地震に関する注意であったかどうかは不確かである。

## 隣組、防諜

### 軍による合法的国政掌握

防諜と流言飛語への注意は、さまざまな機会を通じて繰り返しおこなわれたが、しだいにそうした「統制」や「動員」が組織化されるようになり、全国一体の組織にネットワーク化された。大政翼賛会《たいせいよくさんかい》と隣組《となりぐみ》である。制度的な進展経過を見ると、一九三七（昭和十二）年に「国民精神総動員運動」が始まり、「滅私奉公《めっしほうこう》（自分は犠牲にして天皇やお上に仕えよ、との意）」が強調され始めた。翌一九三八（昭和十三）年には「国家総動員法」が制定され、四〇年代に入るとそれを具現化する形で大政翼賛会が組織され始めた。筆者の父なども末端の役員を引き受けていたようで、「翼賛会活動」という言葉をよく聞いた。同年四月（東条英機内閣）の第二十一回衆議院議員選挙で大政翼賛会の推薦議員が大量当選して、衆議院の圧倒的多数を占めるようになり、政治的には軍を中心とした勢力が「合法的」に自由に立法できるようになった。

## 隣組とその機能

その間、一九四〇（昭和十五）年九月に内務省訓令で「部落会町内会等整備要領」が出された。これは、既存の家の並びをほとんど機械的に十軒前後の組（隣組）に区分し、戦備の基礎組織としたもので、戦争遂行上の相互援助組織であった。組のメンバー構成に選択の余地はなかったため現実の近隣関係は複雑で、多くは友好的であるが、さまざまな事情で近隣関係が疎遠であったり不仲であったりする場合もある。そうした組では、近隣関係が近くなることで緊張が強まったり、疑心暗鬼に陥ったりして窮屈に感じる人もあったようである。しかしそうした「私情」は戦争遂行上は無関係ないし有害であり、無視された。こうして編成された隣組単位の役目や義務は共同責任であるから、著しく負担を感じた人たちもいたようであった。

ちょっと先走っていえば、この隣組は、戦後、全国の大半の地域で自然解消する形で解散もしくは消滅した。一九五〇年代から建てられ始めた集合住宅では、「近隣とかかわらなくても済むくらし」が売り文句になり、まもなく戸建て住宅でも同様の傾向が主流になった。明らかに戦時中の隣組活動への反動であったとみられる。

話を当時の「隣組」に戻すと、自主的に決められる余地はほとんどなく、よく知られた「回覧板《かいらんばん》」や各種の「防災訓練」への参加、「危険思想防止活動（密告、見逃せば連帯責任）」、物資の供出活動などの活動単位になった。そうした活動には、次に述べる出征兵士関係の諸活動のような不定期なものと、毎月定期的におこなわれた、上陸した敵兵への竹槍による反撃訓練や、空襲に対処するための防火訓練などがあった。昼間在宅しているのは、大半が主婦と子どもと少数の高齢者であるから、結局、これらの活動はほぼすべて「主婦」にかかっていた。次に、その点をもう少し細かく述べる。

## 「銃後を担う」婦人会活動

### 国防婦人会活動

一九四〇（昭和十五）年九月十一日に隣組強化法が制定され、隣組組織を通じて、在宅主婦の大半が半ば強制的に「国防婦人会」に加入させられた。ただ、現実には、当時は「人生五十年」といわれていた時代であるから、四十歳代は「高齢婦人」であった。そのため、国防婦人会長などの役職はこうした高齢層の人から選び、実働部隊は三十代と二十代、十代であった。そのうち二十代以下の未婚者は、ほぼ全員が女子挺身隊などとして工場などへ駆り出されていたので、地域の活動は免除されていた。そのため、「銃後《じゅうご》（地域）の守り」を期待された国防婦人会構成員の大半は、三十代と二十代の主婦であった。妊娠中の人も少なからず交じり、そうした人には一定の配慮はされたはずではあるが、お腹のふくらみが目立つ女性が激しく動き回る場面も珍しくなかった。

### 防火活動

国防婦人会には、戦場や兵器工場で働く男たちに代わる役割が課された。ひとつは「居住地域を守る」活動で、従来男性がおもに担当していた「防火活動」などが女性に回された。具体的には、「バケツリレー」「火叩《ひたた》き消火」「投擲《とうてき》消火」「担架《たんか》搬送」「竹槍訓練」などである。

バケツリレーと担架搬送は、現在の防災訓練でおこなわれる形態と基本的に同じである。担架は、当時は各町内ごとに常備されており、それが使われた。消火方法のうち「火叩き」というのは、長さ二メートルほどの竹竿の先に三十センチメートルほどの長さの藁縄《わらなわ》二十本ほどを、簡単に抜けないように結わえたもので、この縄束の部分を水で浸して火元を叩き消す訓練である。「投擲消火」というのは、次ページ下の写真のような、消火剤をガラス瓶に封じ込めた「消火弾」や、陶器製の容器に一キログラムほどの砂を入れた「砂弾《さだん》」を火元に投げつける訓練である。消火弾や砂弾は一回しか使えない消耗品であるから、訓練では、二キログラムほどの砂を入れた「砂袋」を火元に見立てた目標に投げつけた。

　消火弾や砂弾は、強制ではなかったが、各家で備えることが勧められた。ただどちらも高価なので、砂袋を数個備えることがなかば義務化された。商店

大正通りでおこなわれた主婦たちの消火訓練
（一宮市立中央図書館蔵）

第一尋常小学校でおこなわれたバケツリレーによる消火訓練（一宮市博物館蔵）

などでは、こうしたものを、外部からも取り出しやすい場所に備えていた。

防毒マスクは、毒ガス（当時は、催涙ガスが多かった）使用に備えたものであるが、実際に所持している家は町内でも稀《まれ》であった。

## 千人針と兵士の送迎

もうひとつは「出征兵士の送迎・慰問」活動であった。町内で「赤紙（召集令状）」が届いた家が出ると、「千人針《せんにんばり》」と呼ぶお守りづくりが始められる。これは、「必勝」「武運長久」などの文字や、虎の絵などを輪郭書きした晒布《さらしぬの》に、家人や親戚の女性がまず輪郭に沿って一針ずつ赤糸で結び目をつくる。輪郭が埋まったら余白が埋められる。それを針や糸ごと婦人会長に届け、町内中回して女性に結び玉をつくってもらう。目標は「千人分」で、原則は一人一針であるから、さまざまなつてをたどって、時には神社や駅前で協力者を募り、「出征の日」

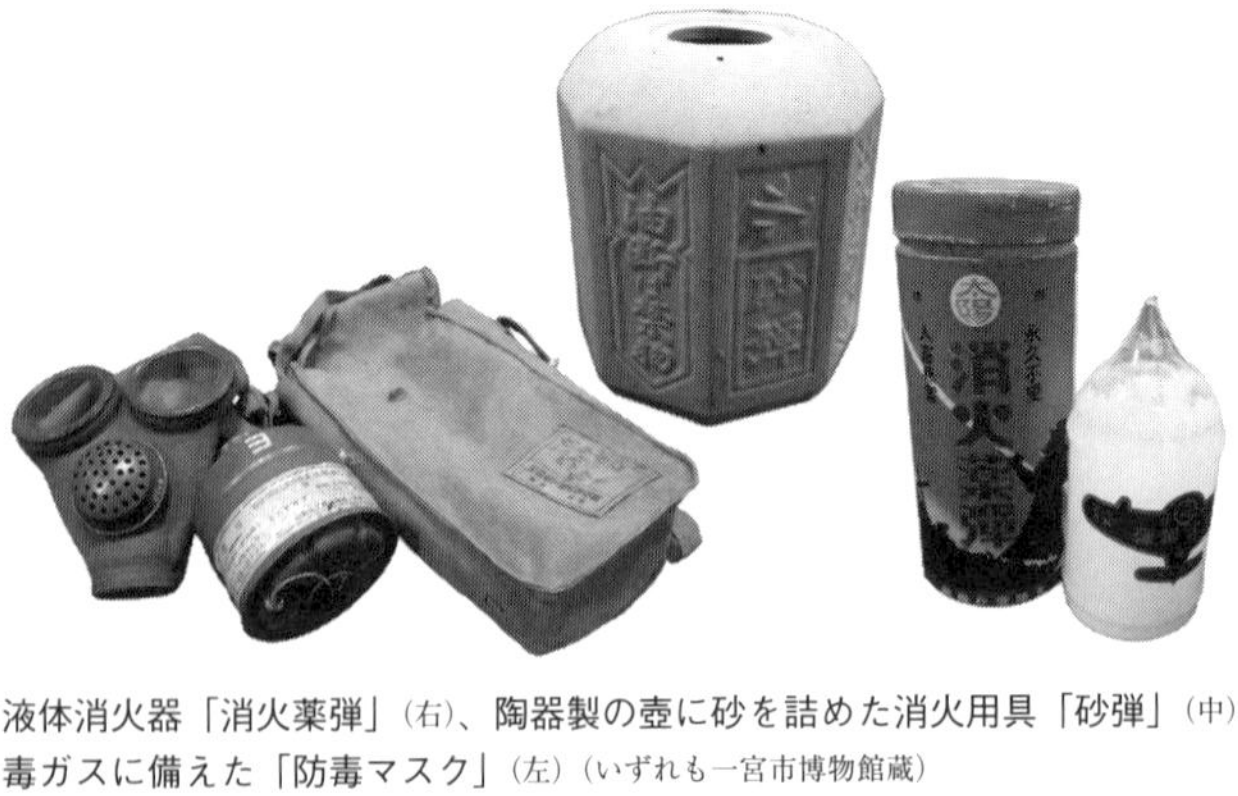

液体消火器「消火薬弾」（右）、陶器製の壺に砂を詰めた消火用具「砂弾」（中）、毒ガスに備えた「防毒マスク」（左）（いずれも一宮市博物館蔵）

の前日まで集め続ける作業である。台布は一枚なので手分けすることはできず、使える時間は数日間しかないので、回ってきたら最優先で協力する作業であった。たった一枚の、長さ一メートル足らずの白布であったが、これに数百人の女性たちが「戦勝」と「無事帰還」を祈りながら一針ずつプレゼントしたのであった。一九四四～四五年になると「赤紙」が届く家が増え、二軒分の千人針が重なって回ってくるようなこともあった。不足分は婦人会の役員さんたちが人通りの多い場所で通行人に協力を呼びかけて、できるだけ増やした。

こうして集められた千人針（綿布）は、出征前日までに本人へ届けられ、本人はお守りとしてそれを持って出征していった。お守りであるから、それ以上の用途があったわけではない。

出征当日になると、町内会主催の「出征兵士の見送り」がおこなわれる。主催者は町内会長であるが、見送りに動員されたのはおもに国防婦人会員、つまり主婦たちであった。見送りは、地域によっては神社の社殿前でおこなわれたようであったが、本町通りのような家族経営が多い商店街では、主婦が長時間不在にすることができないため、出征者の自宅前でおこなわれることが多かった。時には、さらにその後、駅まで見送りということもあったが、さすがにそこまでは付き合いきれない家が多く、任意参加であった。

一九四五年になると、戦没者のお迎えも増えた。木箱を白い風呂敷できっちり包んだ「遺骨箱」を、町内会長かそれに代わる人が市役所から受け取り、該当する家の人に引き渡す儀式に立ち会うのである。時間としては十分ぐらいで済むが、国防婦人会員としては、制服でもあった糊のきいた割烹着《かっぽうぎ》で盛装して参列する必要があった。葬儀は別におこなわれたが、それに準ずる身だしなみで参列する必要があり、行動としてはただ立っているだけであったが、それなりの身づくろいなどの準備が必要で、顔だけ見せておけば済むというものではなかった。

## 「慰問袋」づくり

国防婦人会には、年に何回か、出征兵士を慰労するための「慰問袋」づくりも課された。どの地域のどの兵士に渡るかは軍へのお任せで、幅三十センチメートル、深さ五十センチメートル（上部十センチメートルほどは「結《ゆ》わえ代《しろ》」として空けておく）の、左の写真のような布袋が町内に数十枚配られてくる。この袋に、保存のきく食品や汎用性の高い繊維製品（下着など）と宛先の決まらない手紙を入れるのが定番であった。これは、名目は各婦人会の自主的活動ということになっていたようであるが、実態は割当制であった。夫や息子が出征している家も多いので、「慰問袋」づくり自体には協力的であったが、その日に食べる食料品や家族の着替えにも事欠く中で、

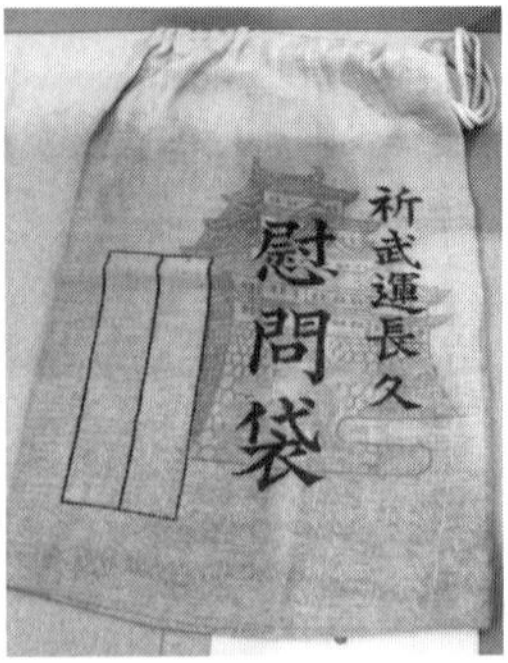

慰問品を入れる前の「慰問袋」
（ピースあいち蔵）

そのつど町内会を回って寄付の品を集め、数十枚の袋を満たすこの奉仕活動はかなりの負担であった。

当時、こうした「慰問袋を送った」話は、もっぱら「美談」として新聞などにも報じられた。戦後の帰国者談話の中で、時々「慰問袋を開けるのが楽しみだった」という談話が見られるので、形の決まった軍隊生活の中では故郷を想い出させる清涼剤であったようであるが、食料生産をしない地域では苦労の多い課題であった。

さらに、毎月だったと思うが、「竹槍《たけやり》訓練」というものもおこなわれた。各家庭には、火叩きと並んでほぼ同じ長さ（二～二・五メートル前後）の、一端を鋭角にそぎ切りした直径三センチメートルほどの竹竿を、取り出しやすい場所に最低一本ずつ常備しておくことが義務付けられていた。この先端がとがった竹の棒を「竹槍」と呼び、上陸した敵兵にこれで立ち向かうという必殺の武器である。

竹槍を使うのは、性別や年齢に関係なく、警防団や青年団でも盛んに使い方が訓練されていたが、学校の運動場の片隅などには、等身大の人型につくられた藁人形が杭で固定されており、男性の場合は、竹槍でこの藁人形を突き刺す訓練がおこなわれていた。藁人形の胴は

日支事変当時の国防婦人会の慰問袋づくり
（一宮市立中央図書館蔵）

縦方向に揃えた藁束を縄で結束し、これを小太りぐらいに束ねて藁縄で横巻に締めあげながら、一応腕も付いた人形に造形された。そのため、竹槍ぐらいで簡単に刺さる硬さではなく、全力をぶつける力と気迫を求められる訓練であった。小学生であった筆者も体育の時間に何度か経験したが、「気迫が弱い」と判断されると即ビンタという気の抜けない訓練であった。

町内でおこなわれる婦人会の訓練でも、農村部ではこうした本格的な藁人形が常設されていた所もあったかもしれないが、商店街では、藁束を直径三十センチメートルほど巻き付けた棒状の「藁人形もどき」の杭を、訓練ごとに祭礼用提灯の支柱を立てる常設の穴に差し込んで、順番にそれを突いた。そのときには、男と同様に「エーイ」とか「ヤー」というような掛け声をあげて突進する。その行動が鈍いと、さすがにビンタはなかったが、「気迫が足りん！　やり直し！」と怒鳴られて、再度突っ込む訓練が三十分ほど続けられた。

こうした訓練に参加した主婦の大半は、事実上の店主であった。母親がこうした訓練や行事に参加している間、店を守ったのは、もっぱらその家の子どもたちであった。

## 空襲警報下の女性たち

戦時下に在宅した女性たちに求められた「銃後を守る」役割の主要部分は「家族の安全を守る」ことであった。そのため、空襲警報が出ると、家族を防空壕に誘導して自分もそこに身を隠す。さらに危険を感じたら、壕を出て安全な場所に誘導するというのが定石であった。

訓練時には、「逃げる」という選択肢はなく、火災は火叩きやバケツリレーで消すことになっていた。

しかし、それだけでは済まない活動を求められていたことがわかった。下の写真は一宮市立中央図書館の所蔵品で、現在の県道一九〇号（公園通り）と同一五五号（上本町通り）の交差点北西角を撮影したものである。中央には交差点の中心あたりに立てられた「空襲警報発令中」の特別標識も見えるので、単なるスナップではなく、空襲警報下でも出歩ける特別なカメラマンによって撮影された写真である。空襲警報下の市街地の警備状況がわかる貴重な写真であるが、注目されるのは、その警備員（警防団員と推定される）にとがめられることなく、乳母車に子どもを乗せた女性たちがいる事である。自分の子どもであれば空襲警報中に市街地を移動させることはほぼ不可能で

「空襲警報発令中」の風景

（1942年春ごろ撮影、一宮市立中央図書館蔵）

あったはずであり、おそらく託児所の子どもを（防空壕に）移送中のところを写されたと推定される。

なお、この写真には右端から「□配給所」「路上禁咽《きんえん》」とともに「選挙報国」の看板が写り込んでいる。これは、一九四二（昭和十七）年四月三十日に投票された第二十一回衆議院選挙（いわゆる翼賛選挙）への参加を促すものである。

コラム

## 「兵隊にとられる」

軍隊への入営が決まると、「赤紙」に記載された日時までに指定場所（軍の部隊）へ出向かなければならない。

「赤紙」は、本人の本籍地に届き、おおむね一週間後くらいにその管内の兵舎所在地へ参集するように指示されていた。こうした通知が届くと、本人を本籍地へ呼び戻し、原則として二年間兵役に就くように準備を整えなければならない。就職している場合は、雇い主が賃金を負担して、無条件で休職させなければならなかった。本人の親は、公式発言では「いよいようちの子も、お国のために役立てるようになります」などと挨拶するのが常であったが、親しい間柄では「とうとう兵隊にとられることになった」という表現が多かった。これが親たちの実感で、「とられる」には、家庭の事情によって「採《と》られる」「獲《と》られる」「捕《と》られる」「盗《と》られる」などさまざまな意味の違いがあったが、親の実感としては「（わが子を軍隊に）とられた」と感じていた人が多かったように思われる。

こうして集められた新兵は、戦争が激しくなる以前は二年間で除隊《じょたい》していったん家へ帰り、召集《しょうしゅう》（呼び出し）があるまでは復職して普通に暮らせたが、経験者たちの手記を読むと、一九四三年ごろには二カ月間の訓練だけで戦地へ送られ、一九四四年からは予備訓練もなく送られた人たちもあったようである。兵役期間も事実上無期限に延長された。この時期になると、輸送船ごと沈められて、目的地へ着く前に全員戦死というケースも増えた。

# 第五章 空襲直前のくらし

# 灯火管制と「警報」の合図

## 灯火管制と管制下のくらし

筆者が国民学校へ入学した一九四二年ごろから、「灯《とう》火《か》管《かん》制《せい》」が強化された。これは当時予想された本土空襲に備えて、空から目標になりやすい「夜間の明かり」を屋外に漏らさないようにする措置を指す。制度的には、これは一九三七年四月の「防空法」に始まり、一九三八年四月に「灯火管制規則」が定められたようであるが、当初は住居の外に面する窓に黒い遮光カーテンを垂らすことが徹底され、一九四〇年代に入っても「屋内が暗かった」という記憶はない。

それが一九四二年、いわゆる「ドーリットル空襲」（109～110ページ参照）を受けたのを境に強化され、それまで、窓の端などから隙間の光が漏れる程度は大目に見られていたのが、厳しく注意されるようになった。もちろん、小さくても門灯や屋外便所の小灯などは厳禁された。続いて光源そのものの管理が強化され、電灯の笠と光源が変えられた。

ボール紙製の遮光カバー
（ピースあいち蔵）

遮光幕を付けた電灯（右上）
と当時の真空管ラジオ（左下）
（ピースあいち蔵）

それまで、居間などの電灯は、光が天井にも反射して部屋全体をほのかに明るくするために、電球の上部にすりガラス製などの半透光性の丸い笠をかけている家が多かった。この笠の外周に、前ページ右の写真のような、長さ四十センチメートルほどの黒い厚手の布製の筒をつくって、上部を笠の上で絞り、笠に黒い筒を垂らす方法で、光が電球の直下に直径五十センチメートルほどと、わずかにその周囲が明るい程度に限定することが求められた。この「窓と電灯の二重遮蔽」によって、町は本当に暗くなった。

こうしても、各部屋に電灯を点けるとどこで漏光するかわからないので、多くの家では点灯する電灯を一、二室に限定した。そのため、この貴重な明かりはどうしても夜にかかる年長者や受験生の読書や勉強、縫物などに譲らざるを得なくなり、小学生の宿題や勉強は昼間しかできないようになった。左下の写真のような「防空電球」という、電球の球体自体を遮光して、特定の方向だけしか照らさない電球もつくられていた。

なお、文中の「ドーリットル空襲」というのは、真珠湾攻撃

左は片側だけ、右は下だけ照らす部分遮光用電球（一宮市博物館蔵）

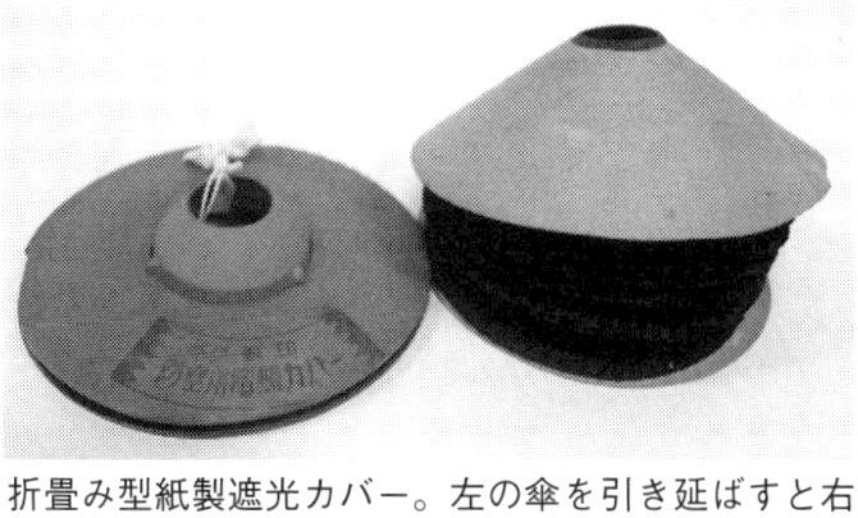
折畳み型紙製遮光カバー。左の傘を引き延ばすと右のようになる（一宮市博物館蔵）

の約四カ月後の一九四二年四月十八日の昼間、米軍が航空母艦でB52中型爆撃機十六機を日本近海まで運び、日本を通過する形で爆撃した後、中国の四川省成都に着陸する方法で、本土を初めて空襲した事件である。この編隊を指揮したのがジミー・ドーリットル中佐であったことからこのように呼ばれるようになったものである。この空襲では、名古屋への攻撃は一機の予定であったのが、大阪へ向かうはずの一機が進路を見失って名古屋へ来てしまい、名古屋だけは二機で爆撃される結果になった。この「ドーリットル空襲」によって、本土空襲が単なる可能性ではないことが実感されるようになった。

## 「防空壕」の設置

日本では、こうした空襲に備えて一九四〇年ごろから空襲時に一時的に避難する「防空《ぼうくう》壕《ごう》」の築造が奨励されるようになった。一宮市内で最初か、またはごく初期につくられたひとつが、真清田神社北東の松降《まつふり》通り（現宮西小学校区）の道路際につくられたものであった。次ページの写真は、住民が協力して道路際に穴を掘っているところ、下は一九四〇年六月にこの壕に逃げ込む訓練がおこなわれた際の撮影である。

松降通りの待避訓練。右上は仮設の防空監視塔
（一宮市立中央図書館蔵）

防空壕は、当初はなかなか普及しなかったが、

一九四一年十二月の真珠湾攻撃、一九四二年四月の名古屋への空襲（ドーリットル空襲）を経て、必要性が実感されるようになり、一九四三年ごろからいっせいにつくられるようになった。これには「待避壕《たいひごう》」と呼ばれた、主として各家単位につくられたものと、「防空壕」と呼ばれたやや大型の共同壕があった。まとめて呼ぶ時には、どちらも「防空壕」であった。

　待避壕は、自宅が持ち家か借家かにかかわらずつくるように各家に指示され、庭や屋内の通路、それも難しい家では畳を一部外し、床下を掘ってつくられた。空襲警報が発令されたときに一時身を隠す場所で、家族人数によって大小はあったが、多くの家ではそこで寝泊まりするような使い方は想定せず、深さ二メートル余、幅一・五メートル、奥行き三〜四メートルぐらい掘りくぼめ、側壁や天井は板などで簡単な土留めを施した。穴の上部は地面から三十センチメートルほど下に天井を張って、その上に三十〜五十センチメートルぐらい土をかぶせる。入口には階段を設け、その上に押し上げ方式の戸を付けて、一応密室状態にするという形が多かった。わが家でも、裏庭の母屋寄りの一角にほぼここに記した規模の待避壕を掘り、何度も利用した。ただ、この程度の構造では爆弾や焼夷弾による大火災には耐えられないので、本格的な爆撃

松降通りに築造された共同防空壕。町内の人たちによる造成作業の始まり（一宮市立中央図書館蔵）

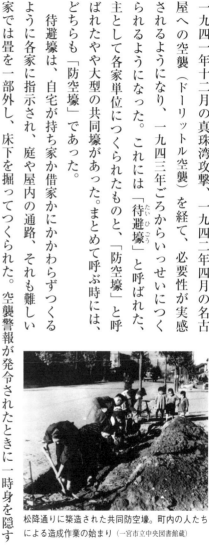

が始まったときは逃げ出すことになる。

裕福な家では、三畳間とか四畳半ぐらいのコンクリート製の地下室をつくった例もあったようであるが、少数であるし、そういう家でも実際の空襲時には逃げ出した家が多かった。

もう一種類の「防空壕」は、公園や空き地、広い道路際、疎開した家の庭などを利用してつくられたものであった。二十〜三十人入れる規模があり、壁面もコンクリート壁であったり、柱で枠組みされていたりした。上の盛り土も五十センチメートル以上あるものが多かった。これは、通行人や自宅の待避壕が使えなくなった人などが自由に逃げ込める共同壕であったが、筆者の身近な場所では記憶にない。

今と違って公的な補助金などはなかったが、こうした待避壕が無数につくられた。個人の待避壕の中には、少し大きめにつくって、その一部を非常物資の置き場にしていた家もあったが、湿気が多くてかびやすく、管理が大変だったようである。

しだいに空襲警報の回数が増えてくると、そのたびに在宅者はここに逃げ込んで身を潜めていることになり、利用頻度が増えた。夜間でも灯火は一切使えないので、真っ暗な中を手探りや、先にたどり着いた家族が声を出して位置を知らせた。

### 空襲警報とその合図

政府は空襲に備えて、全国の主要都市の周囲や太平洋・日本海沿岸近くの高台に数百カ所の「防空監視哨」を設置した。ここには、視力がすぐれた女子中学生らが集められ、交代制で二十四時間、おもに南の方角（日本海方面では中国の成都からの飛来を警戒していたので北の方を見ていた）を凝視し、いち早く敵機の発見に努めた。軍としてはこのほかに、海上にもたくさんの小型船を配置して、ここでは男性監視員が見張りを続けた。

　敵機もしくはその可能性がある機影を見つけると、即座に最寄りの軍管区（東海三県は、名古屋城内に本部が置かれた「東海軍管区」）へ連絡され、軍管区では各地からの情報を整理して敵機の目標地点を推定し、その進路にあたる地域へ向けてまず「警戒警報」が発せられる。さらに「空襲の危険がある」と判断されると、当該地域へ「空襲警報」が伝えられ、住民はこの段階で待避壕などへ逃げ込む。軍管区が危険が去ったと判断すると「空襲警報解除」が知らされ、これで一連の避難連絡は終了する仕組みであった。こうした情報は、各軍管区ごとに「軍管

中町（現本町2丁目）のメガホン
（一宮市博物館蔵）

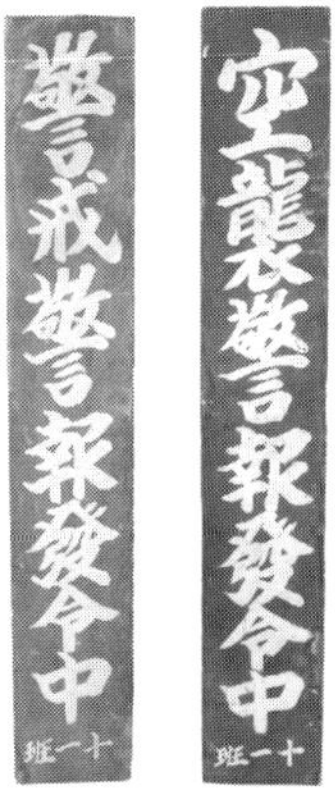


左は名古屋の警報告知板（ピースあいち蔵）、右は木曽川町（現一宮市）の告知板（一宮市木曽川資料館蔵）。どちらも、1枚の板の両面を使用。警報はサイレン、ラジオ、メガホン、告知板の4通りで知らせた

区情報」として東海地方ではＪＯＣＫ・名古屋放送局から臨時ニュースの形で放送された。
しかし、当時はラジオを備えている家庭は多くなかったし、ラジオも常時スイッチが入れられているわけではないので、同様の情報は軍管区から市町村へも伝えられ、市町村では、即刻これを市町村役場に備えられた拡声器によりサイレンで住民に知らせ、決められた行動を促した。一宮では、市役所の屋上に設けられた塔屋に設置された大型の拡声器で四方へ知らされた。

余談ながら、当時の市街地は市役所から半径約二キロメートルでおおむねカバーできる程度の広さであったため、この拡声器で大半が聴取できた。その外周部の農村地域では役場が半鐘などで知らせた。各町内には「防護班長」という役職者がいて、その下に、隣組ごとに一カ月交代で「防護係」が置かれていた。防護係は前ページ右端の写真のような担当者持ち回りのメガホンを使い、大声で「警戒警報発令！」「空襲警報発令！」と触れ回って徹底させた。

米軍機が上空や至近地を通過するたびに空襲警報が発せられるので、一九四四年後半以後になると、警戒警報だけではなく空襲警報の発令も回数が増えた。

## 授業中断続きの小学生

### 一九四四年の三年生

一九四四年四月、筆者が三年生になると、低学年から脱して関心が広がったためか、情勢が緊迫してきたためか、戦時色が濃くなってきた。小学校だから、ほぼ毎時間同じ担任教師の授業を受けたが、毎日、一時間目の最初（今のホームルームにあたる）に「昨日のわが軍の戦果」や「スパイへの注意」などの講話があり、体育の授業内容に砲丸投げや投擲《とうてき》、跳び箱、駆け足、竹登り、分隊行進などが増えた。運動会での花形競技は「騎馬戦」「棒倒し」（この二種は男子だけ）やクラス対抗の「徒競走」であった。

三年生から、男子児童は61ページの図で示したようなスタイルに変わり、学校の往復中は幅十センチメートル、長さ二メートルほどのやや厚手の布製ベルト「ゲートル」をズボンの上から膝下に巻くことが義務付けられた。兵士と同じである。上手に巻かないと動いている間にずり落ちて足に絡まり、危険であった。ゲートルを直接足に巻くことはないので、夏も長ズボンをはいていた。女子はスカートから「モンペ」に変わった。モンペというのは、作業着由来の、薄い布製のゆったりとしたズボンで、腰と足首にゴムを入れ、ずり落ちたり絡まったりしないようにしてある。今も作務衣《さむえ》や女性の農作業着などで見かけるスタイルである（こちらも61ページの図参照）。

学校では、運動に限らず、失敗すると、平手で頬を強く張る「ビンタ」をくらった。時々ではなく、ちょっとしたいたずらや失敗でも、しょっちゅう誰彼なく受けた体罰であった。当時は、それが「軍隊式」のやり方だといわれたから、今考えると（やや皮肉を込めて言えば）、これも将来の軍隊での体罰に慣らす訓練の一環だったのかもしれない。

**当時の国民学校**

学校の通常の授業に関しては、特筆するほどの記憶がない。教科書は全科目とも文部省編集の「国定教科書」だし、戦争さなかの教育であるから、教師の個性や独自の工夫を発揮する余地は小さかったと考えられる。加えて、学校教師自身も兵役を免れなかったので、若い男性教師はいなくなり、型にはまった教え方しかできなかったのではないかと思われる。教室で教師に個性の発揮が許されるのは「日本軍賛美」か「戦争鼓吹」であるが、一九四四年ごろになるとベテラン教師にはそれも白々しかったのかもしれない。わずかに印象に残るのは、学年の記憶があいまいであるが、教科書に絡んで西欧の科学者の発明物語を要約して話してくださった先生があり、それに触発されてキュリー夫人などの伝記類を読みあさった時期があった。

放課《ほうか》（授業時間の合間）は、三年生から上の男の子の

第二国民学校のバケツリレー訓練（一宮市博物館蔵）

遊びは「馬乗り」「水雷艇《すいらいてい》」などが流行《はや》っていた。当時の教室には火の気はまったくないし、木造の校舎で隙間風は入り放題であるから、特に寒い時期は「馬乗り」が人気であった。

遊び方を簡単に説明すると、まず参加希望者をじゃんけんで二組に分ける。端数が出たら適当にどちらかに所属する。一方のグループが「馬」、もう一方が「騎手」になる。

馬組は、一人が壁（だいたいは教室の板壁）にもたれて立つ。別の一人が前かがみにその人の股《また》に頭をつっこむ、次の人がそのお尻の下（股）に同じように頭を差し込む。残るメンバーも次々にこの形で頭を差し込み、長い馬の背が完成すると、騎手組の一人が後方から勢いをつけてこの背にまたがるように飛び乗る。いったん乗ったら動いてはいけない。騎手組は次々と飛び乗り、その間に馬が崩れたら馬組の負けで、再び「馬」の組み立てからやり直す。騎手組の誰かが途中で馬から滑り落ちたり、馬の背に余裕がなくなって乗り残しが出たら騎手組の負けで、両者の役割を交代する。全員乗れたら、両方の代表がじゃんけんして、負けたほうが馬組になるという遊びである。

馬組は潰れないような工夫となるべく前へ乗らせない工夫、騎手組は脚力のあるメンバーから順に送り込む工夫や、馬を崩す飛び乗り方など、各所に工夫が凝らされた。実際に途中で馬が崩れると骨折などの怪我をしやすいため、今はこの遊びは禁止され流行らなくなった。時々は、防火訓練として、前ページの写真のような消火水のバケツリレーの訓練などもおこなわれた。

## 警報合図に即刻帰宅

国民学校では、前述の「警戒警報」が出ると直ちに授業が打ち切られ、大急ぎで教材や文具をランドセルに戻して背負い、防空頭巾や頭陀袋も掛けて、町内ごとに運動場で整列した。余談であるが、こうした訓練も日ごろから繰り返されていて、そのつど発令から集合完了までの所要時間が計測され、以前よりも時間がかかると講評でお叱りを受けた。

各町内ごとに集まることや、低学年から順に並ぶこと、六年生（または五年生）の「分団長」が先頭に立って指示することは登校時と同じであったが、この緊急帰宅時には急ぎ足で帰宅することになっていた。警報が解除されると、再び朝の登校と同じ集合・隊列登校がおこなわれて帰校し、おおむね席が埋まると、全員揃わなくても授業が再開された。やや遅れて到着するグループのメンバーは、授業中に入室して着席した。これは遅刻とされず、特にとがめられることはなかった。警報解除後、学校の授業時間が終わっていれば再登校する必要はなかったし、授業時間が変更されることもなかった。

警戒警報による授業の打ち切りは時とともにその頻度が増え、日によってはこうした学校と家の往復が複数回繰り返されることもあった。

## 「荷物疎開」と疎開荷物の焼失

### 奨励された「荷物疎開」

一九四四年後半ごろから空襲の頻度が増え、否応《いやおう》なしに「そのうちに一宮も」と言い交わされるようになった。近所でも「岐阜の○○へ行きますから」とか「信州の○○へ」などと疎開の挨拶に来られる家が増え始めた。

空襲の危険を避け、比較的安全と思われる農村や山村への疎開が奨励されたことは前述したが〔63〜65ページ〕、簡単に疎開できない家も少なくなかった。一宮でも、商店街にはとりわけ残留した家が多かったが、こうした家には「荷物疎開」が奨励された。当時の一宮市長・吉田萬次氏の『戦災餘談』〔参8〕によると、市としてもしきりに荷物疎開を勧めたようで、当面、不要不急の家財だけ疎開するということもおこなわれたようであった。

### 自宅より前に焼失した疎開荷物

人の疎開ができなかった我が家では、せめて当座の生活用品と「大事なもの」ぐらいは疎開させようということになって、荷物疎開をした。これには子どもの出る余地はなかったので、何が疎開されたのかは知らない。ただ、後で述べるような結果になってから、両親、特に父親がひどく落胆したようすを見ると、何らかの「大事なもの」が含まれていたと想像できた。

荷物は母方の叔父を頼って清洲町（現清須市）に預けることになり、約十二キロメートルの道のりを父がリヤカーで運んだ。時期の記憶がないが、一九四四年の終わりか四五年の初めごろであったと思う。その後にも時々両親の間で「もう一荷物……」という言葉が交わされていたので、第二陣を預ける計画もあったようすである。

ところが、一九四五年五月十四日未明に名古屋北部が空襲を受け、名古屋城も、石垣と隅《すみ》櫓《やぐら》二棟を残してほぼ全焼してしまった。その折に、当時は「余った爆弾を捨てていったのだろう」と噂されたが、郊外の清洲にも何発かの爆弾や焼夷弾が投下され、数軒が罹災した。その中に我が家の荷物を預けた家が含まれ、疎開荷物は我が家よりも先に焼失してしまった。

そこで、父は「どこに置いても焼ける物は焼ける。うちはもう荷物疎開はしない」と宣言し、それ以後、家財を疎開させる話は途絶えた。

## 半年間の休校

### 前年十二月には空襲警報十一回

一宮市の戦災記録〔参2〕によると、一九四四年には十二月中だけで警戒警報二十二回と、空襲警報十一回が出されており、このころの児童はほぼ毎日授業を中断して帰宅していたことなる。

再登校時間はおおむね住まいとの距離に比例して遅くなるため、前述したように教室ではある程度の人数が揃うと授業が再開され、途中で次々と児童が入ってくるという状況で、室内が落ち着かないことは避けられなかった。こうして、中断や欠課が多くなると授業進行もままならず、学年の最後は時間切れで、大半の科目は中途半端なまま終わった。

警戒警報が出ると試験中でも即刻帰宅であり、試験のやり直しを受けたこともあった。この年は終業式もなかったのではないかと思われる。その間にも名古屋などはたびたび空襲を受け、一宮からもしばしば遠望できた。

一宮から撮影された1945年1月6日の名古屋空襲
（一宮市立中央図書館蔵）

## 警報で授業成立せず休校

一九四五年四月に春休みを終わって登校し始めると事態はさらに悪化していた。いつものように町内ごとに隊列を整えて登校するが、通学距離は町内（本町通り六丁目）中央付近の集合場所から学校の正門までは四百メートル強の距離で（位置関係は17ページの地図参照）、一年生と一緒でも七～八分あれば到着できる。それが学校へ到着する前に警戒警報が出て即刻帰宅。解除されて出直すとまた警報が出て帰宅するなど、授業が成り立たない日さえ出るようになった。

家へ帰っても、警戒警報だけで終われば解除されしだい再登校するが、空襲警報に変われば狭い防空壕で身を潜めているほかはなく、学校へ戻れない時間が長引く。また、〔参2〕によると、市としては「（要旨）警報で帰宅した児童たちが、途中で遊んでいて、なかなか帰校しない」問題が注目されていたようである。校名は挙げられていないが、学校と自宅が離れた地域もあり、そういう問題も起きていたようだ。

同年五月の初めから突然学校が「無期休校」になった。親へも児童を通じて口頭で伝えられただけで、特別の説明はなかったように思われるが、低学年には難し過ぎる内容であるから、何らかの文書を渡されたかもしれない。筆者の場合は、四年生が始まった翌月である。「再び連絡するまで学校へは来るな。親戚などに疎開できる者は転校せよ。そうでない者は自習せよ」という趣旨の注意を受けて、休校になってしまった（と記憶している）。

**休校時期と休校理由について**

前項の「休校」に関わりそうな記録が〔参2〕に見られる。当時知ることができなかった「休校理由」も明示されているので、以下に紹介する。

おもに期日ごとに記録された同資料の、昭和二十年六月二十二日の記録によれば、「四日市市の無準備、豊橋市の混乱の実情を聞いた市長は一大決意をもって市民を救うため熟考の結果、保育園の閉鎖と国民学校三年以下の児童の登校停止を命令した。／停止の理由／1．三年以下は学徒義勇隊に加わらぬ。／2．警報発令で授業を中止し直ちに帰宅させ解除されると再び登校して授業を受けることになっているが、警報発令が次第に激しくなるにつれ児童はなれて途中で遊んでおり危険であること。／3．不敢闘分子の安全地帯避難。／4．これにより家族の疎開促進。／5．弁当の心配がなくなる。／6．物資の疎開にもなる。／7．躊躇女子幾多の問題が解決する。／8．市民の敢闘精神を高揚する。／これについて県から何の戒告も抗議もなかった。全く市長の腹芸であった。」

右記引用文中、冒頭の「四日市市の無準備、豊橋市の混乱の実情」は、おそらく実際に爆撃を経験した町の問題点を指摘したものと推察される。「3．不敢闘分子」は「混乱時に邪魔な子どもたち」の意、「7．躊躇女子」は女子挺身隊に参加しない独身女子を指すと推察される。

ただ、筆者は昭和二十年四月には四年生になっており、この記録では、六月からの休校以後も学校に残ったはずである。しかもこの記録の「休校」に関する記録はこれで終わっていて、「四年生以上」の休校に関しては触れられていない。また、その解除に関しても記録されていない。

## 「休校」記録への疑問

筆者のいう「五月の初めから休校した」のは単なる「記憶」であるから、「記録」に従って「六月下旬から」と訂正することはやぶさかではないが、実はこの年、筆者は級長をしており、人一倍学校好きだったし、住所も一貫して変わっておらず、筆者だけが休校や再開の連絡から漏れることは考えられない。そうなると、この記録は、休校開始日以外にも第四国民学校の実情とは異なることになる。学校制度上、公立学校が独自に他校とは異なる動きをすることは考えにくいので、もしかしたら筆者の記憶違いかもしれないが、ここではそうした問題が残っていることを記載するに留める。

また、この〔参2〕には、「休校解除」を記載した事項がないほか、「一大決意」をしたとされる吉田萬次市長の日誌『戦災餘談』〔参8〕には、この臨時休校に関する記載は開始も終了もまったく出てこない。第四国民学校だけが独自に実施したとも思えないので、どのような指示で実施されたのか不明な、未解明なできごとである。

# 最初の一宮空襲

### ほんものの「空襲」初体験

一宮では、前述のように一九四四（昭和十九）年十二月から警報回数が目立って増え、全国の地方都市も次々と空襲を受けるようになって、「一宮への空襲も近い」という緊張が強まった。しかし、実際には年が変わっても一宮自体は爆撃されず、空襲警報の後、B29の大型爆撃機特有の「ウオーン　ウオーン　ウオーン」というなり音が近づくたびに、「今度は一宮かもしれない」と緊張して待避壕に身をひそめることが続いた。B29はエンジンが両翼に二基ずつ備えられていたため、左右二組の双発エンジン音が干渉しあって、日本の飛行機にはない、強弱が繰り返されるうなり音がする。そのため、夜間でも音だけで識別できた。とりわけ夜間、真っ暗な中でその接近音を聞くのは不吉な感じであった。

一九四五年七月十二日深夜、寝込みを襲うように飛来したB29の編隊が、市の北辺と思しきあたりに投弾しはじめた。爆発音は間歇《かんけつ》的であったが、その地響きはこれまで経験したことがないものであった。加えて、強い雨が降るような音がした。実際に後ほど雨も降ってきたが、この時の音自体は投下された集束焼夷弾の結束が外れ、ばらけて落下する風切り音らしかった。それらの音源はかなり遠そうであったし、火災も、自宅から約七百メートル北の真清田神社よりも北の空が赤らんで見えた。いままで聞いたことがない被弾音であり、母と筆者と八カ月の弟の三人で、ともかく予《あらかじ》め相談していた「南の方角」へ逃げた。ただ、筆者にはこの日の詳しい記憶がない。

## 今伊勢、葉栗、西成が被災

戦後の記録で明らかになったところによると、この時の空襲はB29の大編隊（機数は後述）で爆撃され、一宮市の北辺にあたる今伊勢、葉栗、西成という、どちらかといえば農村地域といえる地域が狙われた。このあたりはかつての撚糸・織物生産地帯で、たくさんの中小工場があったほか、日本毛織や第一毛織などの大規模工場も点在し、その多くが軍需工場化していたはずであり、それが狙われたのかもしれないなどと言い合った。

この空襲について、総務省の「一宮市における戦災の状況」は次のように伝えている。

「7月12日深夜、折からの雨をついて突如侵入したB29約20機から市街地の北部を始め、周辺部の大和村、今伊勢町、葉栗、西成地区などに焼夷弾が投下された。空襲警報も発令されていない突然の空襲だったので、市民は防空訓練のことも考えるひまもなく郊外へ逃げた。その大部分が市街地の人で、焼夷弾の落下を見て遮二無二郊外へ走り出し、途中の路上で、あるいは藪の中へ逃げ込んで直撃弾を受け、多数の死者を出した。この空襲は、農村地帯だったので家屋の焼失は少なかった」。

文中、B29の飛来機数については、後述するように米軍側記録とは相違しているが、〔参2〕では「約20機」としており、その数字が採用されたものと思われる。

このときに大きな被害を受けた今伊勢地域のようすが、『一宮市今伊勢町史』〔参23〕に次のように記載されている。今伊勢町は二回空襲を受け、その一回目がこの空襲であった。

「この空襲による被害は、罹災戸数四七八戸、罹災人員二六五六名にも及んだ」。二回目は七月二十九日で、「第二回目の空襲により、罹災戸数四八五戸、罹災人員二三九一名」が被災した。今伊勢町内でも特に馬寄《うまよせ》地区の被害が大きく、「（二回目の爆撃で）馬寄部ノ被害甚大ニシテ、家屋ノ大半焼失」、「第二回ノ大空襲ニテ馬寄部内ノ残存家屋ノ大半焼失、実ニ悲惨タル状況」になった。

なお同書によると、この時の攻撃は「（今伊勢）町内にあった日本毛織一宮工場が、当時軍需物資の生産工場であったために、この空襲の目標とされ、被害がその周辺部にまで波及した」と考えられている〔参23〕。

## 百三十機の大編隊で爆撃

このときの米軍機の数に関して、前記〔参2〕では「7月13日 一宮市の空襲（第1回）」として、「折からの雨が降っている闇夜の空にけたたましい空襲警報のサイレンが響く。／午前零時55分である。B29約20機来襲。／投下爆弾は主として小型焼夷弾である。／ザザー、ドドドーン、ポンポンという音が物凄く聞こえた。投下地点は市の北部農村部を西から東へわたっていた。したがって被害は比較的少なかった。」とある。

ところが、日本爆撃の米軍側記録『米軍資料 日本空襲の全容 マリアナ基地 B29部隊』〔参6〕によると、「第73航空団・130機」となっており、目標地としては「一宮市街地」とだけ記載されている。この市役所記録との数字の差は不明である〔注〕。なお当日は、「AN—M47A2 100ポンド焼夷弾 瞬発弾頭」を二時間足らずの間に七百七十二トン投下したとされている。それによる「攻撃成果」は「市街地の8パーセント」であった。

また、この爆撃の日付に関しては、関係者の間で、「七月十三日説〈〔参2〕など〉」と「七月十二日説〈〔参6〕〔参10〕など〉」のふたつがあったが、一宮の空襲研究者であった田中三郎氏が各種の資料を照合して『一宮大空襲 1回目は7月12日』〔参11〕という報告書を発行し、「七月十二日説」を主張された。

この時の爆撃機編隊（米陸軍第73航空団）はサイパン島のイズリー飛行場を基地としていた飛行隊である。おそらくそこから発進して一宮へ飛来したものと推定される。

〔注〕本書では、このときの飛来機数を米軍側記録によったが、インターネット百科事典「ウィキペディア」日本語版（二〇二一年二月一日現在）は、「1945年（昭和20年）7月12日深夜から13日未明、アメリカ軍のB-29大型爆撃機約20機の編隊が一宮市上空に侵入し、葉栗地区・西成地区と今伊勢町に油脂焼夷弾を投下した」と「二十機説」を採用している。

一方、そのころの筆者以外の家族の状況は、次のようであった。

## 中学四年生の兄の日常

### 「豊場飛行場」づくりの勤労動員

筆者には、六歳年上（一九二九年六月生まれ）の兄がおり、真珠湾攻撃四カ月後の一九四二（昭和十七）年四月に県立一宮商業学校に入学した。その一カ月後に陸軍が西春日井郡豊山村（現豊山町）と隣接する小牧町（現小牧市）へかけての丘陵地域に、当時「豊場《とよば》の飛行場」と呼ばれた飛行場を新設し始めた。兄が実際に動員されるようになったのは翌四三年からであったと思われるが、まもなく飛行場へ通うようになった。当時聞いた仕事の内容は「土運び」であった。

豊場の飛行場は一九四四（昭和十九）年二月一日に滑走路千五百メートルの「小牧陸軍飛行場」として運用され始めているが、単純な内容でも軍の機密に属すると思われるので、家族でも仕事内容については話題にならなかった。この勤労動員について、『目で見る一商40年の歴史〔参75〕』の「第3章　戦時下の一商」に「食糧増産に協力して農村へ手助けに出動したり、豊場の飛行場（現、名古屋空港）建設に駆り出されはしたものの学生は先ず勉学第一の日常であった」とあり、毎日行っていたわけではなかったことがうかがわれる。

なお、小牧陸軍飛行場は終戦まで陸軍の航空基地として名古屋地域の空の要《かなめ》であった。終戦とともにその役割を終え、まもなく占領軍（連合軍、実態は米軍）に接収され、一時米軍の基地として使用されていた。一九五二年には、まだ占領下ではあったが民間航空の再開が認められ、名古屋～羽田間に定期航路が再開された。一九五八年には日本側に返還され、航空自衛隊との共用ながら名古屋国際空港として自立した。その後、一九六〇年に「名古屋空港」に名称変更され、二〇〇五年の中部国際空港（通称セントレア）開港とともに同年二月十六日に愛知県へ管理がゆだねられて、現在は「県営名古屋空港」と「航空自衛隊小牧基地」との共用空港として機能している。

その兄が一宮商業学校へ入学したときには、就業期間は五年であったが、翌一九四三（昭和十八）年に「中等学校令」が公布され、実業学校の修業年限は四年に短縮された（同時に公布された「実業学校規程」による）。事実上の一年間繰り上げ卒業である。

**昼夜勤交代勤務の工場動員**

一九四四年四月、兄は三年生になり、同じく学徒動員で、今は廃線になった名鉄岩倉支線沿線工場へ通うようになった。身分は「生徒」のままであるが、昼勤と夜勤とがあったので、勤務条件としては通常の工員さん並みではなかったかと推定される。例によって好奇心を掻き立てられたが、「仕事内容を聞いてはいけない」という自制が働いて詳しくは聞けなかった。

愛知県教学課の「愛知県内の学徒勤労出動工場調」には、一宮関係の学徒動員先として「川崎航空一宮（所在地 一宮市）」へ「一宮中（558）起工（208）一宮女（370）1、

136人」が派遣されたとされているが、どうした事情でか一宮商業学校からの派遣記録は見あたらない。

前出の『目で見る一商40年の歴史』〔参75〕に「(勤労学徒が大動員をかけられたのは)19年(筆者注、一九四四年)4月以降の事である」という記述があり、兄が三年生になったころから工場勤務が常態化したと推定される。動員先については、同じ資料に「我等の一商でも名古屋螺子(岩倉)、岡本製作所(奥町)、内田製作所(江南)、日本タイヤ(木曽川)、神戸航空(大和)、水道工事現場(朝日)等々へ2年生以上全員が動員されて、ペンを持つ手に旋盤やプレスの把手(筆者注、ハンドル)を握り、またハンマーを振るう日が終戦まで続いたのである」と記載されており、岩倉支線沿線であることや、次のようなできごとがあったことから、布袋《ほてい》町(現江南市)の内田製作所(注1)へ行っていたと推察している。

工場内の身分や待遇については、身分は「生徒」のままであるが、もはや「商業」を学ぶ機会はなかった。『目で見る一商40年の歴史』〔参75〕によると、「学業といえば、ほんの申し訳に週1時間だけ工場の食堂や控室で実施されたが、今から考えると茶番授業に終るよりなかった」とある。これは各校共通のことで、中には東北・北陸から全校をあげて当地の工場へ動員され、付き添い教員が常駐しない学校も少なからずあった(注2)。

待遇に関しては、食事と少額の給与が出たとされている。食事は、「工場支給の昼食はどこもに似たりよったりの献立で、今なら犬・猫でも横を向くような粗飯ながら、死ぬか生きるかの飢餓時代だっただけに」空腹を満たせたのはありがたかったようすである。給与は詳しいことは書かれていないが、「僅かに与えられた（下級生は月20円）報奨金よりははるかに有難い給与だった」と記載されており、二年生は月二十円、三、四年生にはもう少し多い金額が支払われていたようすである。

（注1）内田製作所の工場は布袋町小折（現江南市）にあった（『愛知県工場事業場総覧』〔参97〕による）。複数のウェブサイトからの情報を総合すると、同社は一九三四年一月に東京都中野区で航空機用燃料系・油圧系統の機能部品専門工場として創立。一九四一年九月に布袋町に名古屋工場を建設した。その後内田産業、内田油圧機器工業と社名を変え、二〇〇五年、合併によりボッシュ・レックスロスとなった。

（注2）各校の生徒は、数十人ずつに分かれて別々の工場に分散配属されていたので、遠隔地から付き添ってきている教員はそれらの学校を毎週一回りするのが精いっぱいであった。148ページに東邦商業学校生の三菱航空機工場での動員体験を紹介している。

ある時、「これは傷物で使えないのでもらってきた」と言って、直径一センチメートルよりもやや大きい鉄球を一個持ち帰ったことがあった。ベアリングの小さいものは我が家の商品にも使われていたことがあり知っていたが、こんな大きいボールを直接手に取るのは初めてだったので、記憶に残っている。また別の機会には、「明日まで借りてきた」と言って「ダイヤルゲージ」という計測器を見せてくれたことがあった。金属の寸法を精密に測るための「ノギス」は我が家にもあったが、ダイヤルゲージは、十分の一ミリメートルまで測ることができる（慣れると目測でさらに細かく読み取る）ノギスの、さらに十倍の精度で計測できる優れものであった。具体的にはこのふたつしか確かなことはわからないが、こうしたできごとから、兄が動員されていた工場は、精密な金属加工の工場であったと推測していた。

一年ほど通ったころから、兄の机に『内燃機関』とか『内燃機』というような表題の分厚い本が数冊置かれるようになった。興味半分でそっと開いてみると、小学生が理解できるような内容ではなかったが、内燃機というのはエンジンのことであることがわかり、兄がエンジンに興味を持っていることを知った。エンジンそのものが筆者にはよくわからなかったし、聞くのは危険かもしれないので、当時の詮索はそこまでであった。戦後、兄は自動車関係に進もうとしたが、その源流はこの動員先での仕事にあったと想像している。

## 生徒の軍事リーダー養成

飛行場づくりや動員先の軍需工場で「商業学校としての授業」がおこなわれていたかどうかについては、130ページに述べたような実情で、授業はほぼなかった。ただ、後述（229～231ページ）するように、一九四四年度から工業学校へ転換したので、結果的には無関係ではなかったが、授業といえる内容ではなかった。愛知県の中学校・実業学校は多くが自宅通勤可能な県内の工場へ配属されたが、愛知県内の工場へは、日本海側の学校など、遠隔地の生徒も動員されてきており、とても授業ができるような条件ではなかったと推定される。そうした日常的に観察していたところでは「工員さん」だと思っていた兄が、三年生の時に軽機関銃を提《さ》げて帰宅したことがある。写真や絵では見たことがあったが、実物を見るのは初めてであった。「弾はない」と言っていたが使えるものだということであった。

翌朝早く、尾張一ノ宮駅集合というだけの指示で出かけ、数日後に帰宅した。親との会話の感じから「マル秘事項」と察せられたので、それ以上は聞けなかったが、「高師小僧《たかしこぞう》」と呼ぶ筒状の茶色い管（木の細根などの周囲に地中の鉄分が付着、堆積して、筒状に形成された褐鉄鉱）を持ち帰って見せてくれたので、「高師」というところへ行ったことは察しがついた。翌年にも同じような訓練に出かけたことがあった。

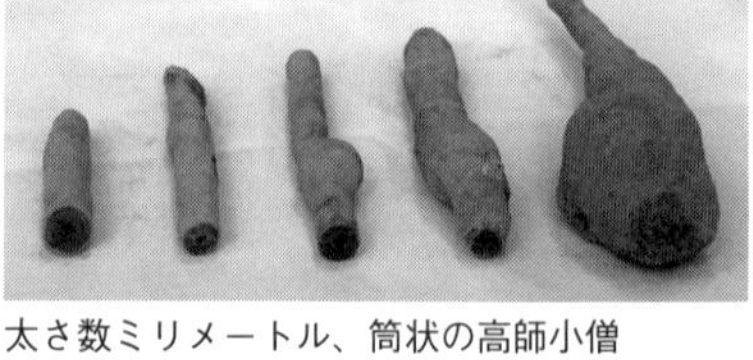
太さ数ミリメートル、筒状の高師小僧
（豊橋市地下資源館蔵）

戦後聞いたところでは、当日は一宮周辺地域の中学校や実業学校の生徒代表が一緒に、配属教官（軍から派遣された教官。中等学校以上の各学校に配置された）の一人に引率されて、豊橋へ行ったとわかった。「高師」は現在の愛知大学豊橋校舎があるあたりで、同校舎は戦災をまぬがれた全国唯一の士官学校（予備士官学校）の校舎を使って発足したので、おそらくこの予備士官学校へ行ったのだと推測される。そこでは、通常の中学校の「教練《きょうれん》」（中学以上の各校に常駐派遣された配属将校が担当した軍事訓練の授業）で教えた、腹ばいになって両腕の肘だけで素早く前進する「匍匐前進《ほふくぜんしん》」とは違う、片手に小銃を抱えて、空いた片腕だけで腹ばいの体を前進させて敵に接近する方法や、塹壕《ざんごう》（平地に身をひそめる小穴や溝）の掘り方など、おもに敵の戦車を迎え撃つ戦法を実地に教わったようで、母校では配属将校の指揮下で他の生徒を指揮することになる、というようなことを言っていた。

## 自爆戦の訓練

そこで受けた訓練の話で今も強烈に記憶に残っているのは、海軍の自爆攻撃に相当する「陸の自爆戦」とでもいうべき攻撃方法である。戦場になりそうな場所に小さい穴を掘って一人ずつ身をひそめ、その上や近くを敵の戦車が通ったら、二〜三メートルの棒の先に付けた箱状の爆薬をキャタピラの下に差し込む訓練で、前述の高師小僧もその作業中に出てきたものだったようである。

同じような訓練を受けた名古屋の安藤春男さん（筆者の兄よりも二歳年下）という方の、名古屋市内の中学校で受けた体験が『中日新聞』〔参81〕に紹介された。それによると「戦車に突っ込む実技では実物がないため、教官が大八車を運動場に持ち込んだ。」安藤さんらは「木の棒を持って伏せ、実戦を思い浮かべ、車輪に飛び込んだ。半袖のため腕は血だらけになった。」と説明されている。穴は掘らないで、地面に伏せただけで戦車を迎え撃つ形だったことなど、全体に簡略型ではあるが、基本的には豊橋でおこなわれたのと同じ目的の訓練である。

そうした自爆戦術の研修内容を他の生徒に伝える機会があったのかどうかはわからないが、同級生さえ数工場に分散した状況下では、その機会はなかったと推察している。

後年『戦時下の中部産業と東邦商業学校』〔参21〕を編集した際に、兄とほぼ同年代の東邦商業学校（名古屋市内）の卒業生で、三菱重工業名古屋発動機製作所大幸工場へ学徒動員に行き、爆撃を受けた方たちからお話を聞く機会があった。同社では、動員学生たちが工場と掛け合って、週一時間ずつ授業を受けられるように改善してもらったという発言があった。実際は、付き添いの先生に悩みを聞いてもらっている間に一時間はすぐに終わってしまったようであるが、そうでもしなければ、「生徒」としての授業を受ける機会はまったくなかったようすであった。筆者自身には、多くの学校の生徒が寄せ集められ、しかも昼夜交代勤務の中で、学校ごとに授業をする時間が持てたとは思えず、この東邦商業の事例はかなり特殊なケースだったという印象である。

### 徴兵検査と「赤紙」召集

筆者の兄は、結局、軍隊へ行かずに終わった。しかし、あと数カ月戦争が長引いたら四年間の在学も終わり、後述するような事情を考慮すると、ほぼ間違いなく兵役に従事し、おそらく戦死したであろうと思われるので、ここで、当時の若者のことにも触れておく。

男子は、満二十歳に達すると特定の検査日と会場が通知され、本籍地で「徴兵《ちょうへい》検査」を受ける。全員強制である。そこで健康状態や体格、持病、既往歴などが細かく検査され、甲種・乙種・丙種・丁種の四段階に分けられる。甲種は無条件合格（真っ先に兵役に就く）、乙種は甲種だけでは不足なときの予備軍、丙種はさらにその予備軍、丁種は身体的や精神的条件により兵士には適さないと判断された人である。当時の検査風景の写真を見ると、周囲は男性ばかりとはいえ、素っ裸で検査を受けているようすが政府広報誌で発表されており、今の基準では考えられない人権無視の扱いであったようである。

当時、学校在学中は二十歳を超えても原則として兵役を免れることができ、在学しない青年には、徴兵検査を終えたあと順次召集令状が届けられた。それが赤い用紙であったため、通称「赤紙《あかがみ》」と呼ばれた。これは有無を言わせぬ強制力があり、のちに俳優になられた三國連太郎氏（徴兵を逃れるために中国へ渡ろうとされたが、その寸前に逮捕された）のように、ごくまれに身を隠して忌避しようとする人もあったが、徹底的に捜査され、事実上兵役をまぬがれる余地はなかった。

そのほかに、早く軍人になりたい場合は、十七歳から「志願兵」に応募する方法もあった。一九四三年からは、中等学校在校生は応募可能年齢が十六歳（中学四年生相当）に引き下げられ、「荒鷲《あらわし》特攻隊」などともてはやされた海軍飛行予科練習生、通称「予科練《よかれん》」への応募が学校にも強く求められる状況になった。

在学中の兵役について補足すると、本来の兵役年齢は満二十歳以後であった。当時、一月一日で一斉に一歳年齢が増える「数え年」の時代に、兵役は「満年齢」で数えられていた。しかし、その時点で在学している場合は、兵隊検査は受けるが「兵役」は卒業まで猶予された。特に工業学校在学生に関しては、ほぼ確実に猶予されると信じられていた。戦況が厳しくなるにつれて政界に「商業教育無用論」が台頭した。そうなると、学校在学者は秩序だった訓練も受けており、「すぐに使える戦力集団」とみなされるようになって、一九四四年ごろになると男子の商業学校に関しては、十七歳から応募できる志願兵への勧誘が激しくなった。県によっては、半ば強制するように応募させる学校さえ出るようになる。そこまでしない県でも、一宮商業学校の例（228～229ページ）にみられるように、在学中から出征する生徒が出始めた。在学していても二年生以上は工場で働かされ、事実上の教育はほとんど受けられないため、「工場へ行くか軍隊に入るか」という選択になり、四年生になると、兵役への壁も意外に低く感じられる雰囲気があったようである。

コラム

## 動員学生の被爆死

第二次大戦時には、勤労動員先で被爆死した中学生も多かった。戦況が悪化し、働き手まで次々と徴兵するようになった一九四三（昭和十八）年からは、工場労働者が深刻な不足に陥り、それを補うために男女を問わず中

空爆死生徒らを慰霊する
東邦高校玄関前の「平和の碑」

学校生徒の工場動員が積極的に進められた。

一九四四年三月には、「決戦非常措置要綱ニ基ク学徒動員実施要綱」が閣議決定されて、「通年動員」と「学徒の計画的配置」「教職員の指導と勤労管理」が決められ、文部省が全国の中等学校の派遣先を割り当てた。そのため、同年四月からは、軍需工場地帯であった愛知県では多くの生徒が自宅から通えたが、愛知へは遠隔地からも動員され、少なからず工場の寮に住み込みで従業させられた。

同年七月になると「航空機緊急増産ニ関スル非常措置」が決まり、一九四五年三月からは授業が停止されて、「学徒勤労総動員」体制へ移行した。中等学校・実業学校では学校ぐるみで工場労働者として扱われるようになったわけである。

一方、一九四四年後半になると、名古屋を始め愛知県内各地もB29による爆撃に見舞われるようになった。それに備えて、各工場では爆撃時に避難する防空壕が用意された。ところが、筆者が聞き取った三菱重工業名古屋発動機製作所（現在のナゴヤドームから大幸住宅一帯、砂田橋から千代田橋の間などにあった）の例でいうと、正規従業員用の壕は、作業機械から離れる時間を短縮するために作業機械に近い建物内の通路などに掘られたが、動員生徒用の壕は、作業の邪魔にならない屋外の空き地に自分たちで穴を掘り、そこへ逃げ込んでいたそうである。そのため、建物内の壕でも爆撃の犠牲者は出たが、動員生徒たちは、作業場所から待避壕へ行くのに時間がかかるほか、戸外のむき出しで不完全な壕に待避していたため、直撃弾や至近弾が落ちる危険性が大きく、同工場では東邦商業や愛知中学などの生徒が多数犠牲になった。
待避壕への直撃弾で生徒十八人と教員二人が亡くなった東邦高校（当時は東邦商業学校）では、玄関前に、旧三菱重工業名古屋発動機製作所本館の、弾痕も生々しい残骸の一部（コンクリート塊）を礎石にした「平和の碑《いしぶみ》」を設置し、今も毎年十二月に慰霊祭が続けられている〔参36〕。

## 父の日常

### 四十一歳から岡本工業へ徴用

一九〇四（明治三十七）年生まれの父は、一九二七（昭和二）年五月に結婚し、間もなく同じ町内へ「家庭用品」（おもに座敷・台所用品小売）の店を開いて分家した。その父が徴用された先は、当時まだ一宮と合併する前の中島郡奥町《おくちょう》にあった「岡本工業奥町工場」であった。

『中部の産業』〔参92〕によると、同社は奈良県出身の岡本松造氏が名古屋で自転車の修理・

部品生産を始め、自転車、自動二輪車、自動三輪車、航空機部品と業容を拡大した。その間、自転車では「ノーリツ号」が大ヒットして全国の完成車トップメーカーとなり、岐阜県垂井《たるい》町に拠点工場を建設した。自動車生産ではコラム「岡本工業と『アッタ号』」（144～145ページ）で紹介するように日本の乗用車生産の初発グループに参加し、大垣に工場を開設した。

　航空機に関しては、一九二〇年から「モ」式軍用飛行機（注）の車輪を生産し始め、一九三七年に資本金六百五十万円の岡本航空機工業株式会社を設立して、名古屋市南区笠寺に工場を建設した。その後、一宮（当時は奥町）、新潟県新発田、熊本県人吉など計七カ所に工場を持ち、従業員三万人を擁する大企業に発展した。特に、「航空機用脚部および車輪など業界でわが国最大規模の企業に発展した」〔参92〕といわれる。当然のように軍需工場として拡大したが、その拠点工場のひとつが奥町の一宮工場であった。

現在の本町４丁目西側中央部付近

「森文家庭用品店」と周辺商店街。店の前に立つのは父・文一。1940年代初めごろまでの日常着は和服姿であった（1932年11月22日）

（注）「モ」式軍用飛行機に関しては、鈴木一義氏の「国立博物館所蔵の航空宇宙資料〜モ式六型と古い写真帳から」という論文が発表されており、同博物館所蔵機は「現存する国産最古の飛行機」だそうである。呼称の由来は、同機の原型が一九一三（大正二）年にフランスから購入した当時の最新鋭機「モーリス・ファルマン一九一三年型」の頭文字をとったようで、「当時の飛行機は、木と針金と布だけでできている脆弱なもの」であったといわれる複葉機である。その前輪は、やや大型の自転車の車輪を太くしたようなゴム輪が横一列に一脚二本ずつ、四論で支える構造で、後輪は一輪であった。日本での輸入機による初飛行は一九一〇年であるから、岡本自転車は国産飛行機のごく初期から生産に参加していたようである。

父は同社で「資材課」に配属されていたので、部品管理かそれに近い仕事に従事していたと想像される。大正時代に初期の商業学校を出ていたので、簿記などの記帳能力があり、そうした事務関係の仕事に従事していた可能性もあるが、詳しくはわからない。勤務は昼勤が多かったが、時々「夜は戸締りに気を付けるように」と言って出かけたので、夜勤もあったようである。別項で記載するように（150ページ）、大空襲当日は非番で在宅していた。

## 町内の世話役活動

父は、非番の日には店にも出たが、日常の店の商品配置や動きをつかんでいないので、いちいち母に尋ねることが多く、どうもペースが合わないようすであった。店頭での販売は現金のほか、相当部分は月末支払いであったため、掛け売り（後払い）の書き出しや、毎月末の請求書書き、集金や商品配達など外回りが父のおもな役割であった。

そうした店の仕事よりも、町内の、今でいう要支援世帯の面倒見や、配給品の買い物代行などの支援活動（現在「ボランティア活動」と呼ばれているような諸活動）の方が忙しそうに見えた。支援活動の中で印象的な仕事のひとつは「番傘への文字書き」で、高齢者が経営する和傘屋さんの店先で注文の店名などを書いていた。自分の店よりもよその世話をする方が忙しいような毎日であったが、当時の同業組合活動など、商売に関わる外回りの活動にも熱心で、そうした関係の役職も引き受けていたようすであった。

もともと世話好きなタイプでもあったため、身近な祭礼の手伝いから、警防団、大政翼賛会などまで、さまざまな世話役活動で飛び回っていた。趣味は囲碁で、夕方になると近所の碁仇と碁を打つのが楽しみであった。

戦争の進行とともに、販売する商品のつくり手が次々と出征し、代わりの職人さん探しや、食料品の購入なども父の仕事であった。

コラム

## 岡本工業と「アッタ号」

筆者の父が徴用された岡本工業は、一八八五（明治十八）年に自転車の補修部品をつくる町工場として創業し、一九〇一（明治三十四）年に国産完成車をつくることに成功。一九一〇（明治四十三）年に岡本兄弟商会として名古屋に工場を建設して「エンパイア号自転車」を発売した。のち御器所《ごきそ》村（現名古屋市昭和区）に工場を建設し、一九一九（大正八）年に岡本自転車自動車製作所と改称。一九二三（大正十二）年には自転車の年産が約五万台に達し、翌年から車種を「ノーリツ号」に集中して大量生産体制を確立したほか、オートバイ（完成車）や飛行機の足回り部品も生産し始めた。

一方、一九三〇（昭和五）年、名古屋市長・大岩勇夫が「中京自動車工業化構想」（別称「中京デトロイト化構想」）を提唱して乗用車の国産を勧め、一九三二（昭和七）年に市内の日本車輌製造（台車枠と車体を担当）、大隈鉄工所（機関と伝達装置を担当）、愛知時計電機（発動機を担当）、豊田式織機（鋳物部品を担当）、岡本自転車自動車製作所（車輪とブレーキを担当）の機械関係五社が参加した。

このチームによってつくられた国産最初期の乗用車は「アッタ号」と名付けられ、第一号は名古屋市が市長用に買い上げたが、製造費用が輸入車の二倍ほどもかかったため商品化は難しく、十台生産したところで軍のトラック生産要請を機にチームは事実上解散した。軍のトラック開発の要請には、このうちの一社であるが、一九三三（昭和八）年から独自に乗用車開発を進めていた豊田自動織機製作所（現豊田自動織機）が熱心に取り組んだ（同社は一九三七年に社内の自動車部を独立させ、トヨタ自動車工業を設

「アツタ号」
(『自動車ハンドブック 1935年版』より)

立した)。

一九三五(昭和十)年に岡本兄弟商会は岡本工業と改称し、自転車のほか、オートバイ、サイドカー、航空機の車輪なども生産し、最盛期には国内七カ所に工場を持ち、三万人の従業員を抱えるようになった。

岡本工業はそのひとつとして、一九四三(昭和十八)年十月一日に、一宮の艶金《つやきん》興業から中島郡奥町(現一宮市)の工場を取得した。艶金興業は一宮を代表する老舗の「艶《つ》屋《や》」である。艶《つや》というのは絹織物の後加工《あとかこう》の一種で、簡単にいえば織り上がった織物を砧《きぬた》(木槌《きづち》)で打つこと。これにより生地に柔軟性や照り(艶)が出る。とりわけ毛織物の場合は、織りあげただけではゴワゴワして着心地も見栄えも悪い。そこで大型の設備で、打ったり、蒸したり、毛羽《けば》立たせたり、余分の毛羽を焼きそろえたりして「洋服地」に仕上げた。この一連の後加工を行う専業者が艶屋である。艶金はこの分野の日本のトップ企業であった。

同社は一宮市内各所に工場を持っていたが、戦争激化とともに織物産業全体が縮小し、軍の指示を受けて、一九三四(昭和九)年から操業していた工場を岡本工業へ渋々譲渡したものであった。筆者の父が徴用された一九四四年(推定)は、艶金から岡本工業奥町工場へ転換して間もない時期であった。

なお、岡本工業は戦後、賠償指定工場に指定され、続いて労働争議が起きるなど、経営再建が困難に陥り、トヨタ自動車販売(現トヨタ自動車)の支援を受けた時期もあったが、一九八三(昭和五十八)年に廃業した。現在、ノーリツ財団が残されている。

## 母の日常

### 父に代わって店の経営切り盛り

母は一九〇九（明治四十二）年一月、一宮の本町通りと直交して新一宮駅（注1）へ行く途中の四《よ》ッ谷《や》町（現栄四丁目）の石材店生まれ。一九二一（大正十）年に尋常小学校を卒業して、開設間もない一宮町立女学校へ入学。翌年この学校が一宮女学校と改称し、一九二四年三月に卒業した。一九二七年に近隣の材木商の息子と結婚した。本家から分家独立後、夫婦で、当時は珍しかった業態の「家庭用品店」（注2）を開業し、三人の子育て、家事、隣組活動や商店経営にあたっていた。一九四二（昭和十七）年からは、不在がちな夫に代わって「配給所」業務も担当した。

店は、極端に忙しいときには手伝いの人を頼むこともあったが、基本的には家族経営の店であったし、来客が絶えないというほど忙しいわけでもなかった。そのため、時間が空いた時には、店番の合間に家事をしたり本を読んだりしていることが多く、しょっちゅう辞書を引きながら書きものをしていた。女学校時代の恩師の一人に市橋鐸先生（一八九三年犬山生まれ、旧姓鈴木。一九二〇〈大正九〉年一宮の市橋家に養子）がおられ、家族の会話にはしばしばその名前が登場した。

（注1）現在の一宮駅は、ＪＲと名鉄の出口前の通路を自由に行き来できるが、戦後総合駅化される以前は、両鉄道間の乗り換えは構内でできたものの、国鉄尾張一ノ宮駅は東口、名鉄新一宮駅は西口と分かれていた。そのため、名鉄新一宮駅で下車して市街地へ出たり、当時岩倉まで通じていた名鉄東一宮駅へ行くには、八幡町の踏切か四谷の踏切を渡る必要があった。それにともない、本町通りの商店街も六丁目まで人通りが多かった。

（注2）戦前までの小売業は、「金物屋」「家具屋」「ガラス屋」「陶器屋」「服地屋」「糸屋」「桶《おけ》屋」「菓子屋」「魚屋」など、素材か、代表的商品で専門化した店が多かった。戦後は、「トイザらス」（子供用品総合店）に代表されるような、古い業種区分にとらわれない用途横断的な小売店が発展した。「家庭用品店」は小規模ではあるがそうした用途横断型店の先駆けのような店であった。

## 地域での活動

職住一体の我が家は本町通り六丁目（現本町四丁目）のほぼ中央にあり、周囲には空き地はなかったので、各種訓練の時は本町通りを一時遮断して我が家の前の路上でおこなわれることが多かった。そうした事情もあってか、町内での「婦人会活動」にも積極的に参加した。父と違って、組織や団体の役員などを引き受けるタイプではなかったが、「国防婦人会」の活動などにも積極的に参加していた。

しかし、外出を嫌っているようでもなかったが、町内から外へ出るのは年に数回程度で、一宮から出たのは生涯で十回に満たないと思われるほど外出しない人であった。しかし、どうも来客と積極的に話をして情報を得ていたようで、不思議と世情にも通じた女性であった。

# 第六章

# 大空襲当日

## 警報が出なかった空襲

### 「空襲だ！　早く！」

一宮の第一回爆撃後、被災をまぬがれた市街地から現地を見に行った人たちが語るようすから、「本物の爆撃は火叩きや砂袋で消せる規模ではない」ことを学び、「逃げる必要性」を痛感させられた。

二回目の爆撃（「大空襲」）は、同じ七月の二十八日（土）深夜二十二時前ごろからであった。この日、わが家ではたまたま父も兄も非番で、一家五人が在宅していた。いつ警報が出るかわからない日々であったので、筆者はこの日も比較的早くから就寝した。深夜、ただならぬ地響きと、ほぼ同時に父の「空襲だ！　みんな、早く！」という声が聞こえた。

「第二次世界大戦々災資料調査書」〔参2〕によれば、「7月28日 21時44分。来襲敵機 B29約260機、編隊で波状攻撃して来た。／最初上本町3丁目、本町1丁目、新柳通り1丁目に発火猛煙が上がった。ザザザーという音とともにドドドーンと焼夷弾の釣瓶落としだ。／波状攻撃。／絶え間ない大型、小型の焼夷弾は雨霰と落下した。ザザー、ザザザザー、ドドドン ドドドドスーン。たちまち市街地は炎の海と化し、阿鼻叫喚さながら この世の地獄である。」と記録されている。

この日の記録には警報発令のことは出てこず、その時まだ寝ていなかった筆者の母の手記

（155～166ページ）には「未だ警戒警報すらもはいっておらぬが」とか「空襲警報が出ないので（防衛当番として近隣に触れ回るタイミングを待った）」という記述が出てくるので、警戒警報も空襲警報も出なかったようである。

最初の投弾地は、〔参2〕によると、真清田神社の南、ほぼ上本町通り一帯であった。そうなると、真清田神社以南の人たちが一番避難しやすかったのは、本町通りか、新柳通り・公園通り（途中で通称が変わるが同じ道路）、またはもう一本東の大江川沿いを南下する経路であった。その結果、まもなく我が家の前は雑踏する気配になった。

**「今夜はいつもと違う！」**

今まで経験したことがない絶え間ない地響きや、焼夷弾の「ザザー」という強い雨音のような落下音、大小の破裂音などが聞こえる中、厳重な灯火管制下でひとつだけ点けた暗い電灯の明かりを頼りに、いつも通りまず身支度。白シャツ・長ズボン・防空頭巾・頭陀袋（中は、シャツ・パンツ・包帯・三角巾・メンソレータム・教科書・ノート・筆入れ・煎り豆少々も入れたかな？）で自分の準備は完了。

母は「今夜はいつもと違う！」と言いながら幼児用の持ち出し品の支度を急いでいる。そこで、なぜか泣かない生後八カ月の弟を抱き寄せて、母の手を空ける。父は「町内を一回りしてくる」と言って警防団の仕事で出かける。兄は「一緒に行く」と言ってついて行った。

母はほとんどが赤子の荷物と思われる一抱えを乳母車に積み、夏用の掛け布団を乗せたところへ父と兄が帰り、「町内にはもう人はいないようだ、火は伝馬通り（我が家から約百五十メートル北の東西道路）を越えているが、今なら逃げられる。気を付けて早く行け！」と。男二人は「もう一度、町内に残っている人はいないか見回ってから逃げる」と言い残して出掛けていった。

**火が来ない**

最初に爆撃された上本町一帯から我が家までは約六百メートルである。みるみる火が迫ってくると予想したが、投弾音が続く割には火災が近づかなかった。その時には、理由はわからなかったが、逃避準備をする時間は稼げたわけである。そんなわけで、筆者ら三人が逃避を始めたときには真清田神社の方向（北）は真っ赤で火の粉が舞うのも見えたが、まだ伝馬通りあたりが燃えており、「我が家に火が迫る」感じではなかった。

原因は、後でわかったことであるが、先にも引用した〔参2〕によると「敵機の波状攻撃ははじめ上本町、本町一丁目、新柳通り一丁目と襲った後は主として市街地の北部 第一国民学校区、第二国民学校区を西から東にあとからあとへと連続的に波状攻撃を加えて来たので、この地区の被害は甚大で罹災者も市全体の大部分を占めた。市街地中部以南は市民の避難に多少の余裕があったので罹災者の数は比較的少なかった」とある。

つまり、市街地のほぼ中心に位置する真清田神社を基準にいうと、最初は神社のすぐ南を西から東へひとわたり投弾した後、神社の北へ攻撃場所を移し、神社から前回攻撃した地域の間を丹念に爆撃していたという経過のようであった。〔参14〕にも「市北東部の大乗町、神明津町付近の住民に犠牲者が多かった」と記録されている。

その後の経過は後ほど述べるが、B29は再び神社の南側へ目標地域を移して投弾を続けた。

### 爆撃のさなかを避難

そういうわけで、筆者らは、「自宅が燃える」という状況になる直前に逃避し始めたが、上空ではB29の十機ぐらいの編隊が旋回中で、サーチライトの加減で、時々黒い塊をバラバラッと投弾するのが見える瞬間もある。そうした中を、母が生後八カ月の幼児を背負い、国民学校四年生であった筆者と三人で、本町通りを南下する。逃避し始めた時刻は正確にはわからないが、二十三時三十分過ぎであったと推定される。

一キロメートルほど南下すれば農村地帯へ出られるので、行き先はともかくそちらへということと、空襲に備えて、万一家族がバラバラになった時の会合場所として決めてあった場所「殿町の石置き場」（後述）がその方向にあったということもあって、南下した。ただ、その会合場所は市街の中心部からは外れていたとはいえ、住宅・工場がかなり密集した地域にあり、逃避先として適した場所ではなかった。その意味では、方向は選んだが目的地は決まっていなかった。

百メートルほど進んで本町通り八丁目へさしかかるころには、人混みではぐれる危険を感ずるほどであった。さらに三百メートルほど進んだ住宅街のはずれでは、弟の「生命維持装置」ともいえる乳母車も放棄せざるを得ないほどの混雑で、二人（一人背負われているので実際には三人）がはぐれないように逃げるのがやっとの状態であった。

## 「ひたすらに逃げた」母の手記

その後の経過は、筆者の母が、被災二十六年後に書き残した体験記（一宮市福祉事務所公募体験記）〔参5〕があるので、やや長文であるがそれを紹介する。老後まで記憶が鮮明な人であったので、記載されている内容はほぼ正確であったと考えている。

現物はタイプ孔版による印刷物であるが、本人が自筆で修正した箇所（大半はミスプリント）は訂正し、部分的にルビと筆者による注を追加した。長文なので、他の節の小見出しに準じて、話の区切りに内容を示す小見出しを加えた。

## 「乳児を持った母のひたすらに逃げた体験記」森すみ

（被災二十六年後の公募手記集『空襲・戦災の体験記』〈一宮市〉四十二～四十六ページ）

### 爆撃始まる

二十六年前の当市空襲を、私が語ることは不適当ではないかとも思われるのに敢《あ》えて書きつけようとしたのは、直撃や至近弾に依って死傷者をだした遺族や本人でもなく、又紅蓮《ぐれん》の中で大いに活躍したそれでもなく、そのような人から見れば見物席とも思われるような所での体験である。そうした体験ですら今日尚、想えば直ちに瞭然とあるのは、それほどに戦争は深刻であり、如何に為すべきことではない事かを痛感し、この上は人間の持つすぐれた知性を結集して、人類の平和が一日も早く確立されることを願ってやまないからである。

折しも空襲の日が防衛当番であった私は、当日、前日、その前々日と今までとは違った、長時間にわたる警報下に何とも追い詰められた不安の中に夜を迎えた。そして不図《ふと》空襲警報の合間の幾分長いのにけげんを覚えながらも（筆者注、爆音でB29の飛来を察知したのに、警戒警報も空襲警報も出ないことへの不審感）、乳飲児《ちのみご》を持つ私は、それはそれでありがたい時でもあり、授乳、拭浄、着替等何くれと済ませて、店へ通る庭に立ったまま上り框《がまち》に置いてあった用意のおしめを、例のごとくモンペの紐に腰蓑《こしみの》然と差し込もうとしたその途端に「ドカァーン、ドドーン、ドドドーン」と、それは一度も聞いたことがない、そして何とも不気味な音の響きで、アメリカの爆撃機に依る真の爆発音であることを直感した。

## 訓練とは全く違う、避難だ！

時に、昭和二十年七月二十八日夜の九時五十分に間近かった。敵機の来襲が現実となったのである。全身の血が一度に引いたとの感じもどこへやら、直ぐさま表通りへ出た。灯火管制下の道路は無警報下とあいまってまれにみる静かさであった。どの家も次の刻《とき》に備えてそれぞれ支度《したく》があったのでしょう。

異常な物音に、どこ？　と見やった時の驚きは一方ならず、ここ本町通六丁目中央部の西側に立って北方やや西に傾いた位置に、丁度《ちょうど》現在の本町通と伝馬通の交叉する北西角の屋根越しに、今まさに増大の姿を見せて大きく燃え上がっている炎には息の止まる思いであった。びっくり仰天《ぎょうてん》とはここに用意された言葉であったろうか。この本物（筆者注、空襲）は間を入れずあたり一帯を異様なざわめきへと広げて行った。防空演習とは全く異にした環境がとりまいた時、私は当番であったことを意識した。未だ警戒警報すらもはいっておらぬがそれでもこの時こそ伝達しなければならぬとも思った。けれども現在とは大いに違い、命令の厳しく重んじられた折柄、その動静にはすくなからず戸惑ったのである。警戒警報の発令を今か今かと気を揉んだあの待つ間の切ない胸の高鳴りが、今ここで打ち直してさえもいる。後刻、いつごろか、いきなり空襲警報が入ったらしくも私の耳には聞こえず仕舞いであった。敵は、予定通り来ないのが戦争であった。その頃隣近所では騒然と真剣味が漂うばかりで、来襲を知らぬ家のないことが充分感じ取られてもおり、あらためて伝達はしなかった。

そして早くも表通りは、避難する人々が南へ南へと目立ちはじめた。多分（筆者注、焼夷弾が）落ちた場所がはじめのうちは北の方であったせいでしょう。後日の話では、火の様子で臨機応変、それぞれの方向を選ばれたのである。それから私達が逃げ出すまでにどれだけの時があったたか、もうその頃を境にして時の存在を心することは全く失われていたらしいと省みる。

## 逃げる準備を急ぐ

いざと言う時には、本来は商人であるけれども時節柄徴用《ちょうよう》下にあった当主（筆者注、夫）と、満十六才の動員学徒であった上の子供が、在宅の場合は、家や町内を防護して、不在の時には、私に責任がある程度は重くかかって来るわけであるが、その点は皆そろっていたので不如意《ふにょい》勝ちの中でのせめてもの幸運であった。

さて、私と八カ月の乳児に小学四年生の男児が先に逃げだすことになり、すぐ向かい家（筆者注、玩具の三樹屋）の防護班長さんにお頼みすると、実に快く「一刻も早く出かけて！途中よくよくお気をつけて……」と。まだ何かおっしゃったらしくも、後の半分は後背に聞くほどの慌てようであった。その時の往還は、リヤカー、乳母車、大きな荷物を背負った避難者が群れて、一直線には目の前の我が家へ帰れなかったことを、今もまざまざと思い浮べる。乳母車には、かねて用意の乳児に必要な水筒、砂糖、ビスケット、着替え類、その他に、尚防空用にと小振りで薄手の掛け布団一枚を積んで、ただ逃げる以外に何の役にも立たない一組であるのに、私はなぜか撃ちてし止まむ（筆者注、当時の標語）と、戦々恐々とを、ない交ぜた様な奇妙な出がけの心境であった。

## 大混雑でも乳母車は手放せない

ほんの少し行くと、七月十二日の周辺の空襲の時、その節も三人で南の方へ逃げたが、帰りに思わぬ雨降りとなって難儀したことを想い出し、急いで傘を取りに戻ると、当主が「そんなものが要るか、早く逃げよ」との大した剣幕に、三人とも綿入れの防空頭巾を被ってもいる事とて、そのまま憂え深い人波に随《したが》った。この時、お隣の方達と一緒に出たか、途中で会ったたか、今は明らかではないが、どの辺からかまた離れ離れになった心細いひと時もいまだに記憶している。まっしぐらに逃げるとは、あの事であった。灯火管制下に加えて、不気味な夜のあの道、あちこちの辻から逃げて来る人、人、それが人間である事はよく分かっても、老、若、男、女を見極める余裕は全然なかった。そうした中へ乳母車を押して逃げる事は無理であったが、乳児の兵糧その他どれもが必要なものばかりとて、持ち続けねばならぬとのみ思い込んでいた。

## 元気な次男がおびえてしがみつく

私達の逃げたはじめの頃の道順は、家から南へ向かって現在の北園通の大辻を横切り、次の四つ辻も通り過ぎて、その次の三叉路を左へ折れ、直ぐ又三叉路へ出るので、それを右へ取って殿町の大和《やまと》毛織会社の前をひたすら南へ急いだまでは覚えているが、その後はどこをどう辿ったか、あちらこちらへ行き戻っていたのでしょうか。途中、本町通八丁目の津島屋さんから少し行った辺りで、同行の四年生の子が、日頃は相当な茶目っ子で年だけの積極性も冒険心もありそうと思っていたのに、何たる変わりようか、そこまでは車を手伝って押してさえもいたのに、急に恐れを抱いたのでしょう、くるっと後向きになったと思うや、ぱあっと私の胸に額を押し付け、両手でしっかりとモンペの紐をつかんでしがみついたまま、後引《あとび》っ去《さ》り（筆者注、後ろ向きに歩く）のかっこうで、どの辺までか少しも離れることがなかったので、車の前進がいよいよ困難になったが、死に物狂いとはあのことか、沢山の人が右往左往する中も遮二無二《しゃにむに》逃げ続けた。なお、ある地点までは乳母車のお連れは沢山あり、子供さんや大人を乗せた方もあったが、中には病気の人もあったのではないかとも想い、今更ながら深く考えさせられる。

## 子ども用品積んだ乳母車も手放す

何時の頃か、どの辺であったか、あまりに混雑が激しくなって、思いも寄らなかった乳母車を手離すより為方《しかた》なく、何一つ持つこともせず置き去ろうとすると、そこでばったりと同じ町内のお米屋の奥様と出合い、「ここまで来て惜しい。私は一人ですから車ぐらいは持ってあげましょう」と、この場にこのご親切。一言のご遠慮はしたものの、そのゆたかな胸に甘えてしばらくは同行もできた。その後どれほど経ったか、どの辺であったか、多勢の人が声高に叫んでいる場所があった。形勢が不安と見えたらしく、警防団の人が駆け寄って誘導やら制圧やらの大活躍中であったが、そこへ押し進もうとする避難者が押し寄せて塊になり、言いようのない混雑で、自分の手足すら思いの位置にいないような状態になった。この上のご迷惑は忍び難くて、中の布団を一枚取り出すのがやっとで、抱えこみ、お礼の言葉も充分には言わせも敢《あ》えず、次の人波に押されて、何時しか車か

文中に出てくるのと同形の乳母車（一宮市博物館蔵）

ら離れていた。その頃には自分の意志よりも人の間に間に動いていたとも言えようか。そして、私の心は、背なの乳児と、視野はひたすらにしがみつく子以外には及ばなかった。

そして敵機は、猛烈な攻撃に入っていたことに気づいた。町の火は我が家も包んでいると分かっても、それをどうとも思われなかったのは、心情の超越とでも言えるか。あの火がその後の長年月に亙る国家、個々人への、尚又、将来にも長く尾を引くであろう苦難の基となったことを想えば、戦争は恐ろしさもさることながら、愚劣以外の何でもないと思わずにはおられない。

## 波状攻撃に逃げ場を失う

当てもなく逃げ、止まった所は、妙興寺の踏切近くであったらしく、そこでは警防団の人や群衆の中の有志であり、勇士とも思える人が、一生懸命に「妙興寺や於保《おお》の村へ寄り付かない様にして下さい。敵機の目標になっていますから」との声に、布団を抱えた子持ち家族は身を持てあます思いであった。

いよいよ本番を重ねたのか、焼夷弾攻撃は一段と激しくなって、市の中心部をめがける編隊は激しい波状攻撃に入ったらしく、投弾しては引き揚げる、そして引き返す、その下に見えるものは紅蓮《ぐれん》の炎、聞こえるものは、阿鼻叫喚《あびきょうかん》の生き地獄であった。それから、あの飛行機の合間、合間を、グルッ、グルッと縫うように回っていた光（筆者注、探照灯）の役割は何だったのかを時々想い出しては考えてみるが、判じ切れない。最近は、もしかすると友軍機が接触しないように誘導していたのかとも想ってみる時もある。

私たちはその敵機の通り道の下にいるので、直接の目標にはなっていない（筆者注、飛行機からの爆弾は前方約三十度先に落ちるので、頭上で落とされた爆弾は真下には落ちないと教えられていた）のに、あの恐ろしさは、骨、肉、精神までも削り取られる思いに、その都度思わずも詰まった息を飲み込むばかりであった。敵機は地上の大火炎を反照して、さながら真っ赤な硝子製を想わせて、満載していたであろう大小の油脂焼夷弾を投下する。その度に、固まりは幾房かに、その一房一房が又幾房かに、その数、算すべくもない。訓練の時、「敵機が頭上の時は危険はないが、高度がどれだけの時はどの角度で、これだけの時はこの角度」と教えられた。一番危ないのは、これこれの角度と高度、と合点はしても、あの夜はどれもこれもみんな恐ろしかった。わけても、落ちて来る時に「ササッササッササーッ」と雨が降る様な音を立てて地上に近づく時には、膝に取りすがる子と負ぶいの乳児には息が止まりはせぬかと案じつつ、布団を一層すっぽりと被り、深く祈り継いだあの時の母子三人の心と体は一体であったとさえ省《かえり》みる。

息を一つにしてどれほど後か、「ああまだ生きていた」とそおっと布団を上げて見ると、そこへ又、私達を目がけて直進して来るような気ばかりがして、又、息をのんで祈ったのは、あの時刻、あの辺一帯に避難した人総てが味わったであろう。その凄みはたとえようもなく、火の中を渡り歩いた方々から何のそれしきと笑われようとも、あの一部始終は脳裏に焼き付き、想い出すごとに直ちに蘇ってくる。

## 居場所を変えたが追い出される

あの時も恐ろしかった。どんな合間があったのか、ちょっと場所を変えようと反対の方へ行ってみたが、そこも恐ろしくて立っておれず、思わず目の前にあったトウモロコシ畠へ入ろうとしたら、誰の怖さも一緒らしく、その中には人が一杯佇《たたず》んでみえたらしく、「白い布団の人はいかぬ。目標になるからいかぬ」と、入れてくださらなかった。そのちょっと前に、白いのは色をつけるように、色はなるべく国防色（オリーブ色）がよいとの注意書きが「回覧板」で回っていたので、取り敢えず濃い水色の裏地の布団を持ち出したのであるが、夜目には白く見えたのでしょう。私は急いでひっくり返し、「これではいけませんか」とお願いしても、「黒くなければいかぬ」の一点張り。先方も長引く空襲にだいぶん参ってみえたのでしょう。外《ほか》の人も何も言われなかったのは、矢張り黒くなくてはと思われたのでしょう。その気持ちもよく解《わか》った。当然であろう。誰が悪いのでもなく、情がないのでもない、ただ戦争することが悪いのであると思い、しみじみと私がもう一人の私にそっと聞かせた。

急に布団が気になりだしたのに、どうしたはずみかここで一瞬うつろになったらしく、市内の大きな火の勢と狂乱の敵機を見るともなく見ていると、何故か間近に様子の変わった感じを受けた。不審に思っていると、有らぬ方から異様な物音がするようになった。少し離れているため言葉としては聞こえないが、確かにただならぬ人の声々に樹木や何かしらの爆《は》ぜる音が交錯して、火の手が上がり始めた。そこでも又、火と人間の戦いが始まった様で、やり場のない一と時であった。後程、それは森本村であったことを知った。村人達には不意打ちであったらしく、何とも気の毒であったが、今もあの声を確かめるごと、そのどれもあの夜のままに再現できるのは、痛みの深さの為す業でしょうか。

## 三人とも生き延びた！

敵機が腹蔵なく打ち焼き、次々と引き返した直後から未明への事々も又、この筆は及ばぬとしても止められない。肉親、知己を呼び合う人、今し方までここにいたのにと血眼になって探す人、放心したのか、燃え盛る彼方の火を見詰めているともいないとも見える人、あれは何であったか、大きな水溜まりのそばでワイワイ狂い立った女の人など。長く激しい空襲に緊張し切った多くの人々の精神状態が、誰一人として尋常であった筈がない。

私達三人は、敵機が去っても負ぶいしたままで座っていた。その時、思いがけずもすぐ目の前と言えるところから「私、口が乾いて仕方がないが、ここに瓜が沢山なっているのを一つ貰ってはいかんでしょうか」と尋ねる声。未だ相当に暗くて人がみえるとは思いもよらなかった私は、何の言葉の用意もないままに、目の前の如何にも正直そうな中年の婦人に、「それはいかぬと思います。少しも知りませんでしたが、私達はお人の畠へまで入り込んでおるのに、それはいけませんでしょう」と言ったか？　また「いけません」と重ねて念を入れたか？　その後、図らずも「町から多勢逃げて行って、瓜も西瓜もみんな食べてきたらしい」との風のたよりに、私の気持ちは複雑であった。

## 放棄した乳母車を無事発見

そこから少し程経《ほどへ》て歩いて行くと、何と、今し方まで思ってもみなかった乳母車がそのままあって、何も失われていなかった。何とも不思議で、有難いことでもあった。又その辺り一帯が人の渦であったことをあらためて想い浮かべ、もしお米屋の奥様がそこまで持ち続けて下さったればこそとも思い、又感謝であった。この車は、その後も、育児に、主食や副食、その他罹災者への配給品の運搬に大変必要な道具として大切に使い古された。

それにつけても、今日も心に残る痛みは、車の中の水筒を見た時に始まる。あの、乳児用にと持ち込んだ水筒には、水が一杯入ったままだった。先の「瓜の婦人」に、どれほど差上げたかったことか、あの渇きがこの水に依って癒されていたろうにと、惜しまれてならなかった。その時すでに遅く、刻々に明けて瓜畠が見渡せるようになったその辺りにはもはや人影もなく、どこへ水を求めに行かれたかと見えぬ姿をいたずらに追ったあの朝の不昧感《ふまいかん》が不図《ふと》過《よぎ》って、どうにも遣り場のなくなった時、もう一人の私が「もともと人の性は善でしょうよ、人の持つ善心に対応する努力が、今日、尚、実っていなかったら惜しいことであるが」と、静かに耳を打つ。こうして、二十六年前の一夜は、事々に将来への道標《みちしるべ》ともなった。

あの、苛烈を極めた空襲の夜は、天心もおののいたであろうに、今は笹竹に酔う星空となり、無心なるが故にあの焼跡のバラックで高笑い、又家族の愛撫を一身に受けた乳児も、「戦争とは」と冷静に見つめる青年になった。その母は、あのひたすらに逃げた空襲の夜の多くを生かし続けてゆくことを、この机前に誓う。

## 筆者が記憶する当夜の状況

### 妙興寺の農地に留まる

前節の手記に登場する「四年生の子」が筆者である。文中に出てきた「津島屋さん」は一宮を代表する老舗和菓子店で、本店は爆撃圏からわずかに外れて罹災を免れ、今も盛業中である。真清田神社前から一直線に南下する一キロメートル余の「本町通り」の、南端に近いお店であった。我が家からは二百メートルほどの距離であるが、そこへ行く間もすでにすごい混雑であった。

逃避する間の道中のことはほとんど覚えていないが、市街地のはずれで、混雑があまりにも激しく、乳母車自体が潰されそうになったことは鮮明に覚えている。人混みに押されながら進むことになった後は、ともかく母につかまった手を離さないことに必死であった。

ほぼ畑や田んぼの道を南下し、あちこちさまよったあげく、妙興寺《みょうこうじ》（同名の古刹があるが、ここでは地名）の集落のはずれにとどまった。母の手記などから推定すると、現在の一宮市博物館の近くかと思われる。筆者自身にはこの間の途中の記憶はほとんどないが、すごい人波で時々手がちぎれるほど引っ張られることがあり、ここで手を放したら大変だと、精いっぱい母の手を握った記憶は鮮明である。そのため、市街地を外れて農業地帯へ行くにつれ、いつの間にか人の流れが減り、押し合わなくて済むようになってホッとした。

市街地を一キロメートル近く離れ、農業地帯へ入れば後はきりがないので、「このあたりにしようか」という母の提案で近くの畑に身を潜めた。乳母車を手放した時に持ち出した夏用の掛け布団一枚を一緒に被り、なぜか泣かない弟も目をキョロキョロさせているのを見て安心した。

こうして逃避行が一段落して、落ち着きを取り戻すにつれて、周囲がざわざわしていることに気づいた。しだいに目が慣れて周囲を見ると、周辺一帯には意外に多くの人が潜んでいて、実は避難者で混み合うほどの状況だったようである。場所が妙興寺の集落から数百メートル離れた場所であることは承知していた。妙興寺は一宮市街のほぼ真南の位置にあり、昼間遊びに行くときには徒歩で四十分ぐらいの道のりを、回り道もしたが二時間あまりかけてたどり着いたことになる。

**落ち着いて空を眺める**

三人が移動をやめたことで筆者は迷子になる不安がなくなり、「これで一安心」と思ったのか空を眺める余裕ができた。周囲は暗く、明るいのは空だけなので、いやでも見えたというほうが正確かもしれない。目が行くのは北、一宮市街地方面である。巨大な火災で北の空は淡いだいだい色に染まっているが、炎上地域から三キロメートルほども離れた避難地では、火災の明かりは上空までは達していなかった。

ここに座ったときから、「直撃を受けたら助からないな」また「死ぬかもしれない」という思いは拭えなかったが、平素から「（お国のために）死ぬために生きる」という教育にどっぷり浸かっていたせいか（本気でそう思っていた）、「痛くない死に方をしたいな」とは思ったが、死ぬこと自体への恐怖感はなかった。

## きれいな「ビーニク」

米軍の重爆撃機「B29」を、多くの大人や子どもは「B公《ビーこう》」あるいは「ビーニク」と呼んでいた。「ニク」は「29」の和読みであるが、「憎い」の語感も重なっていた。その「ビーニク」が、約三十度上空を、数機から十機ぐらいの編隊で数分間時計周りに旋廻しながら攻撃する。それが、ほぼ十分間隔でくりかえされる。それが前記〔参2〕にあった「波状攻撃」である。

右四十五度（筆者の位置から北東方向）付近で、二、三カ所の探照灯《たんしょうとう》（サーチライト）が機影を捉えると、真っ暗な空に突然「ビーニク」が銀色の姿を現す。投光角度によっては金色に見えることもある。当時、日本の飛行機は全面迷彩塗装を施していたためくすんで見えたが、B29は無塗装で、アルミニウム（ジュラルミン）地のままであった。そのため、暗天をバックにすると透明なガラスそっくりに見える。その「透明な機体」が移動するにつれて、突然、赤色や青色に転換する。赤から青へ、青から赤への順序は規則的ではなかった。

この色彩の転換は地上の炎の反射によるもので、変色しても透明感は失われない。探照灯の光線は、次の飛行機が近づくとそちらへ移動するため、機影が銀色から赤や青に変化するころには、火災の反射光だけになっていた「色ガラスの機影」が、ある位置を通過すると突然消えて暗闇に戻る。数分後には右手（東）から次の編隊が現れるので、「ガラスのビーニク」は次々と補充されてくる感じであった。

## 焼夷弾を浴びる

この「ガラスのビーニク」が旋回している間に、もうひとつ呆然とさせるような見ものがあった。ビーニク本来の飛来目的である、焼夷弾の投下である。

前回七月十二日の空襲のときは初体験であり、被災地もやや離れていたし、逃げるのに精いっぱいでゆっくりと眺めている余裕はなかったが、あらためて遠望する焼夷弾投下の印象は、「線香花火のようだ」であった。数千メートル上空を飛行して移動する機体から、やや離れた中空に小さい火点が一個現れ、そのまま落下する。それが二段階に、線香花火そっくりに散開して多数の火点が地上へ落ち、一、二分過ぎると火災が始まる。その繰り返しである。実際には最初の火点が数十個次々と現れるため、次の段階では、空の一角が無数の線香花火で彩られることになる。時間が経つとそうした火災が迫る気配が伝わり恐怖心も沸くが、周囲は農地で燃えるものはないので、「ここは大丈夫のはず」と自分に言い聞かせながら、気を紛らわすためにも焼夷弾攻撃を凝視し続けた。

そのうちに周囲から悲鳴が聞こえるようになり、「ここもやられるの?」と思う間もなく、座っていた周辺でも火災が起き始めた。火災といっても、農地なので燃えるものはなく、落下地点とその周辺数メートルに飛び散った焼夷弾の油脂が燃えるだけで、それ以上は延焼しない。延焼するものがないので、三十分もたたないうちに燃え尽きてしまう。だから、直撃を受けるか、弾体(次ページ下の写真の金属製の六角筒)から飛び出した油脂に触れなければ被害はないのであるが、そのうちの一発は座っていた場所から二メートルほどの場所に着弾して危なかった。幸い、ぬかるみか何かに落ちたようで、「ズボッ」という音がして、それ以上広がらなかった。不発だったのか、土中に潜り込んだのかはわからなかったが、それによって、すぐ横が田んぼだったことを知った。

場所を移動してしばらくすると、やや離れた集落（森本村）から火の手が上がり、パチパチという火災特有の音や、大騒ぎになっている音が聞こえてきた。それまでにも、妙興寺などの集落にも被害が出ていたが、どうやらそれが最後の爆撃のようであった。

実際には、そのときには終わりかどうかわからなかったので、まだしばらくは周囲も静かであった。十分ほど過ぎたころから、「終わったようだ」とか、「我が家を早く見てこよう」などの声がざわめくようになった。「一緒にいた人がいない」と誰ともなく呼びかける人や、大声で意味不明の嬌声をあげる人も出始めた。

油脂焼夷弾の弾筒。左が底で、手前の上部にある穴は内容物を発射させる信管の跡（左）
弾筒を数十本束ねた尾部の安定翼（右）（いずれもピースあいち蔵）

なお、焼夷弾の種類や構造、「花火のように見える」理由などについては、『いまだから伝えたい戦時下のこと』〔参36〕にも注記したが、最近、『令和に語り継ぐ 豊橋空襲』〔参67〕にわかりやすい説明や写真・図解が掲載された。

また、『一宮の歴史（第二版）』〔参54〕に掲載されている、当時一宮中学一年生で松降町に住んでおられた浅井俊太郎氏の空襲体験談に、ラジオでは「敵B29の編隊は、潮岬上空から続々進入、北上し、若狭湾上空で反転し、中京地区へ向かっている」と放送されていたと記録されている。米軍機はそういう経路で爆撃を続けていたようである。

## 翌朝の家族の状況

### 乳母車があった！

日付は七月二十九日にかわり、正確な時間はわからなかったが、三時近かったのではないかと思われる。筆者らも、空襲が終わればここにいる必要はなくなるが、状況から判断して母も筆者も「我が家は燃えた」と確信していた。それに何よりも、市街地の方面は火災が続いており、すぐに家へ帰ることはできない。まだ暗い中、母が弟を背負い直して向かった先は、あらかじめ決めてあった「殿町の石置き場」である。北の方角は赤く燃えているのでわかりやすい。しばらく歩く間に夜が明け始めて歩きやすくもなった。

突然、母が「あそこに乳母車がある！」と叫んだ。道端に置いていった乳母車が見つかった瞬間である。放置した時には場所も定かでなかったが、逃げた経路は限られていたので、母は前夜通った道を探りながら歩いていたのかもしれない。乳母車は荒らされたようすもなく、そのままの状態で見つかった。これで、弟の当座の生命維持は可能になる。本当に「奇跡」と思えるできごとであった。

## 家族全員合流

緊急時の集合場所を「石置き場」と呼ぶのは、母の在所（石材店）が、殿町の石置き場の一角に、六畳ほどの小屋（四畳分は板敷き、二畳分は土間）を建てていたからである。親戚の何軒かがそこを緊急時の会合場所と決めていたので、筆者らもそこへ向かうことにした。普段なら三十分かからずに行ける場所であったが、まだ暗かったのと、子どもを負ぶってとぼとぼと歩くので、一時間以上かかったが、その間に夜が明けた。小屋にたどり着いたのは四時過ぎだっただろうか。すでに持ち主（母の兄）家族の一部は到着していた。日ごろから行き来の多い親戚であるからあまり気兼ねすることもなく、とりあえず落ち着いた。

五時半ごろ、兄と父も相次いで到着した。その時の父の第一声は「わしの着替えはないか？」というものであった。それに対して母は「あんたの掛け鞄に入っているでしょ」と、当然と思える返事をしてこの会話は途切れた。この奇妙なやり取りの原因は次に紹介する。

七時ごろには、この小屋に集まるはずの全員が顔を出して、とりあえず関係者にはけが人も行方不明者もいないことがわかり、再びそれぞれ散っていった。この小屋には煮炊きの道具も食品の備蓄もないので、我が家の一同は一休みしてから男三人で自宅を見に行くことにした。

その後に聞いた、父と兄の「昨夜のその後」の行動は、次のようなものであった。

**男二人が語る当夜の避難状況**

父と兄が二回目に町内を一回りしたときには、すでに人の気配は感じられず、町内にも焼夷弾が落ちてあちこちで火災が始まっていたそうである。家に戻ると北隣の指物屋さんが燃え始めていた。二人で水をかけたが、とても消える火勢ではなく、気づいたら火は我が家に燃え移っていた。

その時、父が急いで家へ駆けこんだので、兄も従った。土足のまま座敷へ駆けあがり、「重要書類入れ」と呼んでいた場所へ向かった父は、自分がかけていたズックの鞄（頭陀袋）を下ろすと、中に入っていた衣料品などを全部取り出し、買い置いてあったタバコを詰め込んで「さあ行こう！」と言ったという。兄は一瞬、父の気がふれたかと思ったが、躊躇《ちゅうちょ》している余裕はなかったので、そのまま店を通り抜けて表通り（本町通り）へ走り出た。店内は煙が充満していたそうである。

そのときすでに我が家は燃えつつあったし、周囲の家々からも火が噴き出していた。そこで、同じ方向へ逃げて共倒れになることを恐れ、父はとりあえず本町通りを南下し、兄は近くの東西道路を通って桜木町を通り抜け、公園通りへ出る道を選んだ。

父が選んだ本町通りは、今よりも歩道の西側が三メートル狭く、煙と炎で十メートル先の状態も読めない状況であったそうである。兄が目指したのは道路幅が二倍近い公園通りへ出て南下するルートであったが、公園通りへ出るまで百メートルほどの道路がやや狭く、焼け落ちた家などが道を塞いでいる可能性があった。

二人とも夏用の掛け布団を持ち、道路際の「防火用水」（コンクリート製の水槽）にザブッと漬け、水の滴る布団を被って左右に分かれて疾走した。結果的には、どちらも百メートル行くかどうかで布団が燃えだし、放棄して必死で駆け抜けたそうである。幸い、道路自体はふさがっていなかったので、二人とも火傷《やけど》もせずに逃げおおせた。

兄が走り抜けた桜木町（本町通り～公園通り間）。ただし、この道を通ったかどうかは不明
（一宮市立中央図書館蔵）

## 激変していた我が家と周辺

「石置き場の小屋」で一休みしたあと、自宅がどうなったか見に行くことにした。たぶん八カ月の弟は無理だという理由だったと思うが、母と弟は同行せず、父・兄・筆者の三人で向かった。

本町通りを南から北へ進むことになるが、通りの南端にあたる八丁目はほぼ戦災を免れ、七丁目は南半分ほどが焼け残り、そこから北は一面の焼け野原で、立体的な構造物は、当時四丁目側にあった横井百貨店（戦後すぐ本町一丁目角へ移転した横井商店）の防火壁一枚と、二丁目の東海銀行（コンクリート造二階建て）と市役所、そして本町通りの北に立つ真清田神社の石製大鳥居ぐらいであった。

余談ながら、この大鳥居（24ページ写真を参照）は今も同じ位置に立っている。「石工 星野守一」と石材店名が彫られているが、星野守一は星野石材店の店主で、筆者の母の父である。近世には清洲《きよす》（現清須市）で石材店を営んでいた尾張藩の御用商人で、「小納戸《こなんど》役」通行御免の商人であった（戦後、事務・文具用品店に転業した。現栄四丁目の「ますみ堂」）。

戦災に遭った本町通りは、七丁目の半ばから北は、歩道は両側ともほぼ焼け落ちた瓦礫《がれき》で埋まり、車道の真ん中しか歩けない。しかもアスファルトが溶けて表面は波打ち、運動靴（ズック靴）のゴム底を通して、足裏が熱い。六丁目へかかるころからは熱さが気になって歩くのが困難なほどであった。もしかしたらゴム底が薄かったのかもしれないが、ともかく熱かった。足裏を気にして歩くうちに、突然「ここだぞ」と兄に呼び止められ、見回してもすぐには自宅だとわからないようなかわりようであった。家（があった場所）の方角（西）を見ると、二百メートル余り先のはずの尾張一ノ宮駅のホームが見えている。我が家だといわれてもすぐには信じられないような光景であったが、そのつもりで見ると、築山の木が、葉はなくなっているが、幹は見覚えがある曲がり方である。それを頼りに眺めると、なるほど我が家の庭だと納得できた。この日はまだ町内全体が燃えており、時々一〜二メートルの炎が上がる状態で、車道の真ん中よりも近づくことはできなかった。

この日、町の南はずれの空き家を借りることができ、家財も、布団もなかったが、夏のことだからとりあえずその晩は畳に転がって寝た。弟が、紙の破れた障子の桟につかまって立ったことが妙に印象に残っているので、もしかしたら、このとき初めてひとりでつかまり立ちしたのかもしれない。

**焼け跡と防空壕の焼死体**

三日目、もう一度ようすを見に行こうということになって、再び焼け跡へ出かけた。未だ煙は出ていたし、ところどころでチロチロと燃える火もあったが、もう大きい火は消えて、アスファルトの灼熱も冷め、足元は悪かったが敷地に入ることもできた。

焼け跡の状況を簡単にいえば、燃えるものはほとんど残っておらず、通常の火災とはまったく違って、屋根瓦や金属などの残骸だけが残っていた。我が家の焼け跡も基本的にはそれと同様であったが、屋根瓦のほかに、在庫商品の陶磁器類の残骸が膨大で、瓦礫の量は近隣の家よりも明らかに多かった。「いったいこれを、どうやって片付けるのだろうか」というのが、その時の感想であった。

まもなく、三軒北隣の焼け跡に数人の人が集まり「南無《なむ》阿弥陀仏《あみだぶつ》」と唱えているように聞こえたので、のぞきに行った。そこは、もとはお琴のお師匠さんの家であったが、歩道から入口を入ったすぐのあたり（屋内）に防空壕が掘られていたようで、防空壕の上部は焼け落ちて穴だけになっていた。そこに避難したまま焼け死んだおばあ様が、上半身は炭化した正座姿で黒焦げになって亡くなっていた。

下の写真は、我が家から北東へ六百メートルほど離れた常念寺境内の焼失状況が撮影されたものであるが、我が家のあたりもこれとよく似た状況であった。

1945年7月、常念寺とその付近の焼け跡（一宮市立中央図書館蔵）

コラム

## 貴重だったタバコ

タバコ好きにとって、戦時中は本当につらい時期だったようである。筆者の父も、チェーンスモーカーというほどではなかったが、タバコを切らすことのできない人であった。昭和一桁のころ、年配者は刻みタバコをキセルで吸っていたが、昭和十年代の中年・青年は紙巻きタバコが主流であった。当時、フィルター付きはなく、口《くち》付きの「朝日」は高価で、細く刻んだ煙草葉を薄いインディアンペーパーで巻いた、「両切りタバコ」が主流であった。

これに点火して、反対から吸うと、口元に近い部分がフィルターの役目をして最初は煙が美味しいのだそうである。だんだん吸っていくと先に吸った煙のヤニが濃くなって不味《まず》くなるので、半分ぐらい吸ったところで終わりにする人が多かった。筆者の父などはタバコをパイプに挿して吸っていたが、パイプを使うとその内部にもヤニが付くので、タバコ自体をフィルター代わりにするよりも多少は多く吸えたようであった。

そのタバコも配給制になるが、当初は隣組ごとに喫煙男性を申告させ、近隣のタバコ店に登録して、一日一人六本ずつ購入することができた。一九四五年五月からはこの本数が五本に減らされ、同年八月には三本に減らされた。女性には登録する権利すらなかった。

そのため、タバコ好きな父は、両切りタバコを半分に切って二回に分けて吸うようになり、さらにそれを半分に切って四回に分けるようになった。もちろんパイプ使用である。そうなるともうほぼ全部煙になるまで吸うことになるが、それでもタバコが手放せなかった。

こうした節約方法は配給制だった当時としては格別変わったやり方ではなく、パイプを使わない人の中には、短く切った巻き煙草に妻楊枝《つまようじ》を刺して、それで支えて、口元が熱くなるまで吸う人も少なくなかった。

174ページに、兄が見た、自宅に火がついた後の父の行動を紹介したが、どうやら、父はやがてタバコの配給が止まることを恐れて、かなり前から節約に節約を重ねて貯えていたようすである。父にとっては、最後の生活維持用品や、同じ場所に置いてあったはずの債券類などを捨ててでも持ち出したかった「貴重品」だったようである。

コラム

## 一宮大空襲はいつだったのか？

### 一宮大空襲はホントに二十八日？

一宮市を襲った二回の空襲の日付は、これまでのところ、一回目が「七月十二〜十三日」、二回目は「七月二十八〜二十九日」が定説化しており、本書もその説に従って記述している。

しかし、戦災後まもなくの時期に、一回目の空襲に関しては「七月十三〜十四日」という説がかなり広く流布していた。これについては、本文でも紹介したように、田中三郎氏が両説の根拠を丹念に調査して、二〇一三年に『一宮大空襲　1回目は7月12日』〔参11〕という冊子を発表され、一応決着がついたと考えてよいようである。

二回目の空襲については、まだそうした研究を見ていないが、実は筆者も母も「七月二十七日夜から二十八日朝にかけて」だったと記憶しており、「七月二十八〜二十九日」説に違和感を覚えていた。その母も、被災体験手記〔参5〕には「二十八日夜」空襲が始まったと記載しているので、通説に従ったようであるが、非公式にはながらく疑問をいだいていた。

## 基本とされる資料の混乱

あらためて一宮大空襲に関する資料を調べ直すと、戦災後もっとも古い記録のひとつと考えられる伊藤輝男氏の手書き記録「第二次世界大戦々災資料調査書」〔参2〕には、一宮大空襲の項の日付は「7月27日」と記載した後、「27」を二重線で消して「28」と書き直し、欄外に〝「戦災余談」参考〟と記載根拠を明示し、当時の一宮市長・吉田萬次氏の『戦災餘談』〔参8〕を根拠に修正したことを記載されている。ただし、本資料は、文字や語句の修正箇所にしばしば訂正印が捺《お》してあるが、この箇所には印がない。その有無がどのような違いによるものかは、今のところ読み取れない。

伊藤氏のこの手書き資料は厚生省の調査に応ずるために記録されたもののようで、以後、国（総務省ウェブ公開資料）も、一宮市の二回目の空襲は、七月二十八日から二十九日へかけて、と記載している。『平和の祈り 一般戦災慰霊の記録』〔参14〕も同文である。

伊藤氏の記載修正のもとになっている『戦災餘談』〔参8〕では、「七月二十七日、一宮市の大空襲」「七月二十八日、一宮市大空襲（つづき）」と小見出しがたてられており、一宮大空襲は明確に「七月二十七日夜から二十八日朝だった」と読み取れる。ところが、「七月二十七日、一宮市の大空襲」の文中には「七月二十八日、二十一時四十四分」という一行があり、次の行からは当日最初の投弾地域が列挙され、明らかにこの日付は爆撃開始の時刻を記載されたものと推測される。続く「七月二十八日、一宮市大空襲（つづき）」では、市役所吏員の防火活動などが記載されていて、期日や時間にかかわる記述は見あたらないが、それは前夜から話が続いているためであろうと推測される。したがって、吉田市長の日記からは、空襲の始まりは「七月二十七日から」と読み取る方が妥当性が高いと判断されるが、いかがであろうか。

**森徳一郎氏の修正記入など**

また、松本勝二氏の『史録いちのみや』〔参17〕の「一宮空襲と戦災余談」に次の記述がある。

「戦後十何年かのことだったが、一宮タイムズ紙上で、一宮空襲は八《ママ》月二十七日だったか二十八日だったか判らなくなったことがある。紙上には二十七日と発表された。

（要約＝森徳一郎氏が一宮図書館に寄贈された「戦災余談《ママ》」の七月二十七日の日記には一宮市大空襲の記事が見られる）つゞけて、七月二十八日、二十一時四十四分。とあるところに、二十八日の八の右側に七と記入されてある。これは森徳一郎氏の訂正文字だと解釈される。（中略）空襲の事実はこの戦災余《ママ》談によれば、七月二十七日二十一時四十四分より、翌二十八日にかけての深夜のことではなかったか。（中略）冷静沈着だった吉田万《ママ》次先生もあの激しい空襲にあっての日記は、時を過ぎての記録と思われる。私の推理は七月二十七日二十一時四十四分に敵機侵入、焼夷弾を投下した。（中略）だから空襲は二十七日より二十八日にわたって行われていると解していた。（中略）一宮市史通史にも、七月二十八日夜の二波にわたる大空襲とある。問題になるのは、吉田万《ママ》次先生の二十七日の日記であるが、これは誤植と解釈すべきであろう。（以下略）」

この文中に出てくる森徳一郎氏は『愛知県史』（旧版）の西尾張地区担当郷土史家。松本勝二氏は印刷業を営みつつ、一宮の多彩な記録を『公木萬記』三冊や写真集二冊〔参87〕〔参88〕に残された方である。

もう一点、夫が産婦人科医で出征中であった谷日出子さんの著書『流れて夙《はや》き』〔参51〕の出産・被爆記録（49〜50ページ）。「七月二十五日、陣痛の始まった私は、（要約＝助産婦さんと連絡が付かない間に産気づき、自ら義母に指示して出産した）（中略）翌二十七日（中略）赤ん坊片手に一夫の手を引き、母と豊子は手をつなぎ壕を飛び出し、畦道をたどって田圃の方へ、人のいる方へ逃げた（以下略）」

この記述は期日を間違うとは考えにくい体験だが、「七月二十七日」とされている。なお、文中に出てくる「一夫」はのちの一宮市長・谷一夫氏である。

### 米軍側記録では判断が難しい

参考に、米軍側の記録〔参6〕では、247ページにも紹介したように、この日の編隊は、七月二十八日二十二時五十六分〜二十九日〇時四十八分の間に一宮市街上空に到着したとされている。それぞれの編隊がせいぜい二、三十分爆撃するのに、いちいち現地時間に修正したのかどうかわからないが、ハワイ時間だと最初の一宮上空到達時刻は二十八日ほぼ二十三時、日本時間では二十九日十八時になる。これは仮にサマータイムが適用されていても誤差がありすぎる。米軍はハワイ時間ではなくワシントン時間で動いていた可能性があるので、ワシントン時間に換算してみると、日本時間では二十八日十時という、やはり現実離れした時刻になり、単純に米軍記録に依ることもできない。

今回目を通した後掲資料（280～282ページ）の範囲では、圧倒的に「七月二十八から二十九日へかけて」と記載されているが、「二十七日から二十八日へかけてではなかったか」、再調査する必要があるように思われる。

# 第七章

# 罹災直後のくらしと終戦

## 焼け跡片付けと食料生産

### とりあえず掛け小屋をつくる

我が家の焼け跡で何とか「地肌」が残っていたのは、広さ三坪（十平方メートル）ほどの低い築山付近だけであった。そこの、幹だけ焼け残っていた樹木を主柱代わりにして、焼けトタンを寄せ集め、一坪（三・三平方メートル）ほどの屋根と壁らしいものをつくった。これで日よけができるようになった。トタン自体が熱されて暑いが、日陰で休めるのはありがたかった。それに、気休め程度の役割ではあったが、近くの尾張一ノ宮駅のホームを繰り返し襲撃しに来る艦載機から身を隠したいという目的もあった。数日の間に、近隣でも似たような焼けトタン小屋が相次いで数軒できた。いずれも、とても寝泊まりできるような構造ではないので、昼間だけの用途ではあったが、こうして焼け跡での生活が始まった。夜は、何もなかった借家に父が買い集めてきた布団や若干の生活用具を運び入れて、そこに寝泊まりした。

戦災後まもなく、父も家にいるようになり、焼け跡片付けに専念するようになった。兄は引き続き学徒動員中で工場通いであったが、電車も止まったので工場に泊まっていた可能性もある。もっとも、工場もやられたであろうから、向こうでの仕事も焼け跡片付けだったかもしれないが、詳しくはわからない。

家では片づける道具も全部燃えてしまったので、父が、スコップやツルハシなど、穴掘り用具や当座の生活用品を手に入れてきて、数日後から「焼け跡片付け」をはじめた。そのころには、同じ町内で十軒ほどの家が片付けを始めていた。

### 来る日も来る日も瓦礫埋め

瓦礫《がれき》の片付けは当然のように各家の責任である。そのため、借家住まいだった人の中には、これを機に転宅した人もあるが、商店を経営していた人の多くは、家は焼けても引き続き同じ場所に住みたい。そのため、現在地が自分の所有地か、借地かに関わりなく、もとの場所に大穴を掘って焼け跡の片付けが始まった。

我が家では、穴掘りはほぼ父の仕事で、縦横四、五メートル、深さ二メートルほどの穴を掘り、そこに焼けた瓦礫を投入した。穴掘りは、兄がいるときにはふたりがかりで掘られ、はかどった。母は子育てと食事準備、筆者は瓦礫を集めては穴へ捨てる役である。貸していた長屋なども焼けたので数軒分あった。捨てても捨てても後がある感じであったが、それでも半月後には埋め戻した平地が見えるようになり、ホッとした。こうした穴を十カ所近く掘った。

投入する瓦礫の半分は瓦、四〇パーセントは陶磁器製品、一〇パーセントがその他の燃えカスという感じであった。陶磁器製品の多くは、各種の皿や鉢、茶碗、どんぶりなどで、きっちり重ねて藁縄《わらなわ》できつく縛《しば》ってある。その釉薬《うわぐすり》が再溶解して、もとの形はわかるが一塊の棒状に変化していた。急須《きゅうす》や土瓶《どびん》、甕《かめ》のような深型の単品の多くは歪んで（業界用語では「へたる」）いたので、数百度の高温にさらされたと推測された。

秋までの三カ月ほどは、こうした穴を次々と掘っては埋めた。穴の上部三十センチメートルほどは土をかぶせて、後述する農地にした。

戦災十四年後に撮影された下の航空写真で見ると、我が家を含む一帯は次のような状況であった。写真中央の大きな施設（上の○）は東海道線尾張一ノ宮駅で、左（南）が名古屋方面、右（北）が岐阜方面である。我が家（下の○）は東海道線から二百メートルあまり東に位置していた。

## 艦載機グラマンに襲われる

七月二十八～二十九日の大空襲以後は、爆弾や焼夷弾による空襲はなくなったが、代わっ

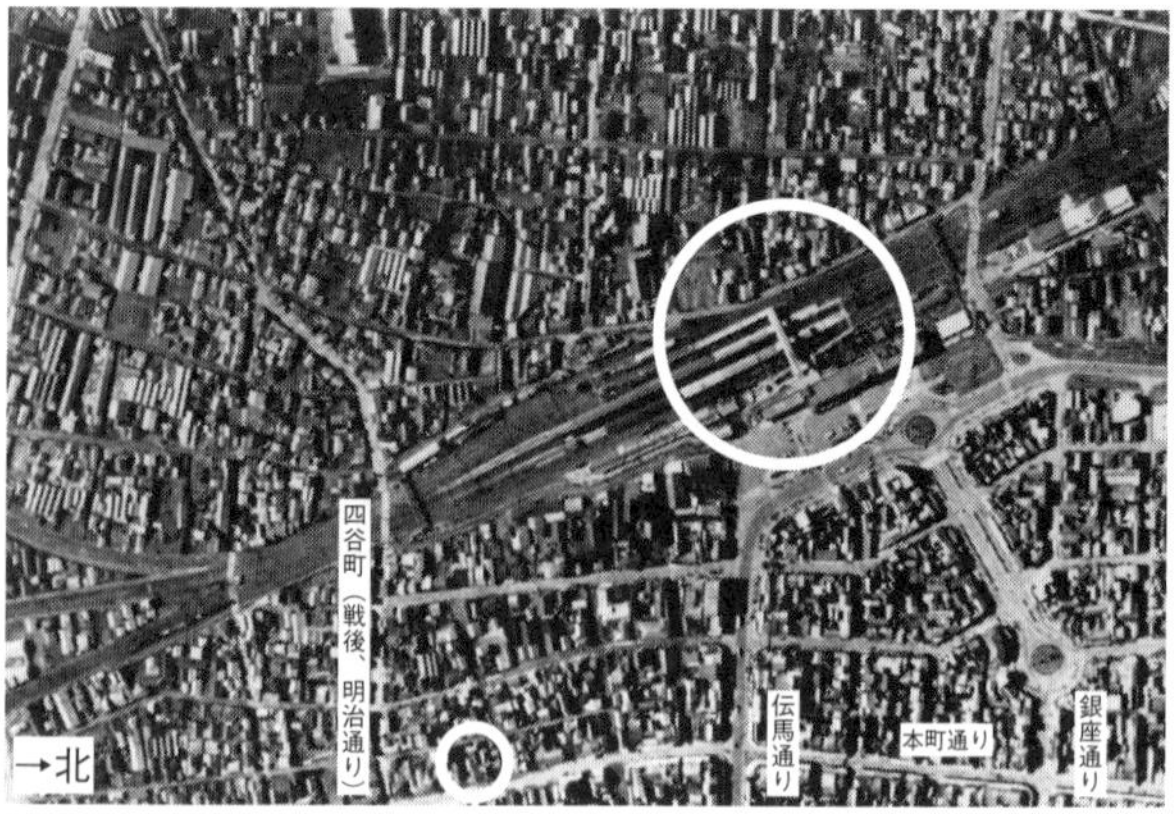

尾張一宮駅付近の航空写真（昭和34年頃撮影か）。中央の○は尾張一ノ宮駅、下端の小さい○辺りが我が家（一宮市立中央図書館蔵）

て艦載機の低空飛行による機銃掃射が頻繁になった。我が家の近くでは、特に尾張一ノ宮駅など鉄道施設が狙われたようで、鉄道から近い我が家のあたりは攻撃機の通路になりやすく、しばしば脅かされた。艦載機の襲撃はもっぱら機関砲や機関銃による攻撃である。おもに駅の焼け残ったホームを狙ったようで、低空から連射しながら線路に並行に飛ぶことが多かった。この航路の場合には、我が家は近くても安全地帯であり、不謹慎ながら物陰から見ていれば済んだ。攻撃が始まると、やや遠くから「キャー、キャー」という声が聞こえたので、ホームにいた人たちが逃げまどっていたのだと思われる。一番多かった機種は、下の写真のような胴体が葉巻型の、通称「グラマン」＝「ヘルキャット」であったが、双胴の「ロッキード」など珍しい形の小型機も飛来し、怖さ半分、興味半分というところであった。ところが、中には気まぐれな戦闘機がある。何かを追いかけるように他とは異なる方向から飛んで来て、断続的に発砲を続けながら、あっという間に接近してくる。

筆者自身も、どこかへ出かけた帰りに、家の近くで筆者を狙ったとしか思えない状況で、西から東へ向けて飛来したグラマンに襲われたことがあった。その経過は『いまだから伝え

当時、艦載機としてよく使われたF6F ヘルキャット（グラマン社製）。当時は「グラマン」と呼んでいた

たい戦時下のこと』〔参36〕で報告しているので、関心があれば参照していただきたいが、要約すると、駅への攻撃が始まったので、どこかへ身を隠そうとしたが一面焼け野原でどうしようもない。そのうちに一機が明らかにこちらへ向きを変えたので、とっさに「動くと危ない」と思ってその場へ伏せたが、真夏のことで白シャツを着ており、上空からは丸見えだったはずである。伏せた直後にそう気づいたが、動けばもっと危ないので、そのままじっとしているほかはなかった。飛行眼鏡をかけた顔がはっきり見えるほど迫った時には息をのんだが、幸い弾道が二メートルほどそれていたので、体の横を砂煙をあげる弾痕が通り過ぎ、ケガもせずに済んだ。

こうした、艦載機が子どもを狙う攻撃は珍しいことではなかったようで、当時小学校一年生であった筆者の連れ合いも、名古屋市内で罹災した後、疎開先近くの植田川の堤防付近を一人で歩いているときに突然艦載機に襲われて、逃げまどったという。やはり白いシャツを着ていることに気づいて、恐かったと記憶している。攻撃する彼らにとっては、戦闘の合間に子どもを見つけ、野ウサギ狩り程度のゲーム感覚で撃っていたのかもしれない。

## 玉音放送

一宮が空襲された後、同年八月六日に広島、九日に長崎へ原子爆弾が投下された。同じ九日にソ連も参戦して満州へ攻め込まれ、日本政府もようやく戦争継続を断念して「ポツダム宣言」受諾を決意した。敗戦である。

それを国民に伝えるのに、政府は八月十五日正午、天皇からラジオを通じて直接国民に伝える方法（玉音放送《ぎょくおん》）を採用した。焼け跡でそうしたニュースがどのようにして伝えられたのかは記憶していないが、近隣の大人たちも筆者も聞き知っていた。通っていた学校の校門前にあった鋳掛屋《いかけや》さん（金属製品補修業）がラジオを聴きながら仕事をされていたし、そこが焼け残ったことも知っていたので、一人で聞きに行った。

店の前には大人ばかり十人ほどが集まって待っていた。正午、「ガーガー、ピーピー」という雑音と、不思議な日本語の発声で、筆者には「……忍び難きを忍び……」ぐらいしか聞き取れなかったが、終わった瞬間に「戦争が終わった！」「負けた！」と叫んだ人があり、神風は吹かずに敗戦したことを知った。あとは大人同士の議論が始まったが、特に嘆くとか喜ぶとかいうようでもなく、お互いに「これからどうなるか」というようなことを、誰彼なく言い合うという雰囲気であった。そこで筆者は抜けだして、焼け跡の我が家へ最新のニュースを伝えに帰った。

## おばさんたちの反応

家の近くまで来たところで、同じ町内の近所のおばさんが二人立ち話をしておられたので、「日本が負けたよー」と速報を伝えると、一人が「そうだよ」と即答。すでにニュースが伝わっていた。その後おばさんたちの会話は、「戦争が終わってよかったね」「日本が負けてよかったねー」「そうそう、勝っていたらみんな死ぬまでやめないもんねー」と続いた。

このおばさんたちはいずれも国防婦人会で一生懸命に動く人たちで、戦争を嫌がっているようには見えなかった人たちである。しかし、短い会話ではあったが、確かに日本が勝っていたら、次々と占領地へ兵を送る必要はあるし、特攻隊のような「死にに行く」要員も必要になるが、負ければもう戦争に行く必要がなくなるし、占領要員も要らなくなるから、戦争そのものから解放されることになる。なるほどそのほうが良い訳だ、と「新しい見方」に納得した。

それでも半信半疑であったが、家へ帰って母に話すと、「そうだよ、戦争はたくさんの犠牲者が出るから、勝っても負けてもしない方がよいのだよ」という返事。この短時間のふたつの会話で、筆者はすっかり「軍国少年」から脱皮した。

## 火種を運ぶ少女

焼け跡では煮炊き用の火種《ひだね》が貴重であった。空襲後数日間は、まだ焼け跡のあちこちに残り火があったが、まもなく種火に困るようになった。当時はマッチも配給制で入手しにくかったうえ、粗悪で点火中に軸木が折れたり、先端のホクチ（発火薬）が割れて飛んだりして、何本も無駄にすることも珍しくなかった。そのマッチも焼け跡では入手難であった。そこで各家庭では「火消し壺《つぼ》（残り火を保存する蓋付きの土器）」などに種火を保存し、「附木《つけぎ》」と呼ぶ、幅二センチメートル・長さ二十センチメートル・厚さ二ミリメートルほどの割り板の、一方の先端二センチメートルほどに硫黄を塗った物に種火から火を移して、本格的な燃料に点火した。附木は戦災をまぬがれた周辺地域で、比較的入手しやすかった。保存もしやすかったが、種火を絶やすと一大事である。

そんな時、近所の当時女学校の一年生か二年生だったKさんというお嬢さんが、夕方、附木に点火して「種火、要りませんか？」と回ってくださる日が十日ほど続き、大いに助かった。空襲後半月ぐらい経っても、同じ町内の焼け跡で夕食を準備する家はまだ十軒以下であったので、こうしたささやかな助け合いが大いに役立った。

### 米兵が来る前に娘は隠せ

終戦（敗戦）後まもなく、焼け跡では「占領軍が来る」話題で持ちきりになった。「日本が占領した」話は戦時中によく聞いたし、近所や身辺に兵役経験者も少なくなかったので、比較的リアルな話題であった。多少は誇張もあったかもしれないが、日本軍の占領直後には

「徴発」と称して、組織的に現地の人から強制的に食料を集めた話や、女性に乱暴した話などもあった。その立場が逆転したわけである。今度はそれと似たことが日本各地でおこなわれるだろうというのが、大人たちの見立てであった。

そうなると、町内で一番危なそうなのはKさんである。彼女は「火種を運ぶ少女」などと呼ばれて近隣ではアイドル視されていたし、町内にはもう一人同じような年ごろのお嬢さんがいたが、こちらはすぐには焼け跡に戻らなかったので、近所の人たちはKさんを「共有の娘さん」感覚でみていた。「髪型を男っぽくしたらどうか」「薄く消し炭でこすったら、米兵が嫌うのではないか」「そんなことぐらいではダメだろう、どこかへ身を隠さないと危ない」など、大人たちがアイデアを出し合ううちに彼女を見かけなくなり、聞くと、現在の飛騨市（岐阜県）へ「疎開させた」ということであった。

占領軍（当時は「進駐軍」と呼び変えていた）は一宮へは来ないことが判明し、さらに米軍は日本軍と違って占領民に対する規律が守られていて、一般の婦女子に手を出すことはほとんどないという話が伝わり、Kさんの戦後疎開も半月ほどで終わって、再び顔を見るようになった。

その陰では、いち早く「米軍用慰安施設」を用意した人たちがいたり、それを聞いたマッカーサー占領軍指令官が、感謝するどころか、「米軍への侮辱だ！」と叱りつけたという噂が流れたり、後になると実際には沖縄などで婦女凌辱事件が頻発していたりした話も伝わったが、当時は占領軍の規律の正しさに感心したものであった。

コラム

## 薄々感じていた敗戦

本書の執筆中に、『いまだから伝えたい戦時下のこと 大学教員の戦争体験記』〔参36〕に掲載した拙稿「子どもの戦争と十歳の終戦」冒頭の小見出し「日本が負けてよかったね」が、空襲研究者の間で注目されていることを知った。終戦を告知する「玉音放送」を聞いた後での、近所のおばさんたちとのさりげない会話を紹介したもので、自分では、終戦の日の印象深かったエピソードを記録したつもりであった。やりとりの要点は本書192ページでも紹介した。

ところが、これに類するエピソード記録は少ないようで、おもに戦後生まれの戦争研究者の間で「終戦前から厭戦気分があったのか？」という視点で関心をもたれているらしいことが察せられた。ここでは、その点をまとめて書き留める。結論は簡単で、このふたつの会話は、いずれも「状況判断」と「母親としての本心」から発せられた発言で、広い意味では厭戦気分かもしれないが、むしろ中堅主婦たちの生活実感であったと考えられる。

一九四〇年代前半に「国防婦人会」や「町内会防災活動」の主力となっていた三十代の女性は、一九一〇年代（明治四十三年〜）前後の生まれで、多感な十代にいわゆる「大正デモクラシー」期（ほぼ一九二〇〜三〇年）を過ごしていた。一方、一宮では一九一五年に町立高等女学校が開校し、一九二二年には一宮高等女学校に改組されていた。当時の女子教育は「良妻賢母」の思想であったが、「子育ては女の仕事」といわれた時代に「賢母」であるためには、おのずから冷静な自己判断が必要である。それ以前の男性服従型教育や、デモクラシー期以後の極端な戦争協力型教育とは違った、一種自由な教育がおこなわれた時期であった。まだ小学校六年生を終えれば働き始める人が多かった時代に、高等科よりもさらに長く就学させる女学校へ通っていた女性には、商店街出身者も多く、前述の会話にかかわる三人の女性についても、思い出せる二人は女学校卒業者であった。自己判断と学歴とは直接かかわらない場合もあるが、自己判断能力が比較的高い女性たちであったとはいえるであろう。

いっぽう、当時この年齢の主婦の多くが、夫は出征し、長男は工場で働くか中等学校卒業が近かった。そうした状況の中で「戦争が終わった」というニュースである。戦争が続けば夫や子どもは帰らず、残った子どもは次々と兵隊にとられていくが、いずれももう生還は期待できない。ところがこの「敗戦」のニュースによって、「夫や息子の帰還」「子どもの出征がなくなる」の両方が実現することになったのである。それが、思わず「日本が負けてよかったね」という言葉になってほとばしったのだと思うが、いかがであろうか。

もう一点、当時の一宮市長であった吉田萬次氏の『戦災餘談』〔参8〕を見ると、一九四四年暮れごろから県や市の上層部には日本軍の敗北が小出しに伝えられていたようである。これは県会議員や市長だけにとどめておける話ではなく、市の幹部層には「密かに」伝えておかなければならなかったであろうし、一部は筆者の父のような町内会や警防団の地域リーダーにも伝えられていたことを想像させる。つまり、住民の一部には終戦直前には、「日本劣勢」の情報をかなり確かな筋から得ていた人たちが少なからずいた可能性がある。だから、敗戦の報は冷静に、場合によっては「朗報」として受け止めることができた人たちもいたと考えられるのである。

## 戦後の食糧確保と住まいの再建

### 食糧自給が最優先課題

焼け跡の片付けと並行して、大問題は「食糧の確保」であった。日本では一九三八年の綿糸統制を皮切りに、まず生産分野で資材統制が始まり、一九三九年の電力調整令、一九四〇年の砂糖・マッチの切符制、一九四一年の米穀配給制、一九四二年の衣料品切符制と、物資統制が拡大された。特に空襲が本格化した一九四四年十一月以後、食糧など日用必需品の配給が急速に悪化し、米穀通帳や衣料品切符があっても配給するべき物資がない事態に追い込まれ、物資流通は途切れがちになった。国民へは、盛んに「耐乏《たいぼう》生活（不自由に耐えて暮らすこと）」が勧められるようになったが、食糧などは不足分を「闇買い」してでも補わざるを得なくなった。

米・麦でいえば、前述（78ページ）したように、当初の配給量は、当時の日本人の平均消費量の約八〇パーセントに相当する「一日二合三勺（三百三十グラム）」であった。それがまもなく「二合一勺」に減量され、さらに「一合八勺」に減らされた。しかも、米麦は雑穀やサツマイモ・馬鈴薯・小麦粉などの「代用食」に置き換えられていった。それに戦災と敗戦が追い撃ちをかけ、戦災罹災地では配給制度自体が一時期有名無実化した。

そういう状態であったから、「自家保有米」を認められた農家や、軍需工場など「特配」を受けられるところとつながりがあった一部の人たちを除くと、戦災に遭ったかどうかに関わりなく、食糧確保が日々の課題になった。特に罹災地では、否応なしに敷地の大半が空き地と化したため、瓦礫を片付けて農地化することが急がれた。

**何よりも食べられるものを植える**

瓦礫の片付いた地面はすぐに畑にした。父が苗や種を入手して作付の方法も聞いてきたので、それにしたがって植え付けた。その後三年ほどの間に、順不同で、ダイコン、サツマイモ、馬鈴薯、イチゴ、小麦、ナス、キュウリ、トマト、ネギ、チシャ、カボチャなどを植えた記憶がある。麦踏みも二冬したので、二回作付したわけである。焼け跡の耕地は多くが掘り返されて軟らかく、しかも家屋などの灰が大量に混じっていたので肥料分もあり、素人が植えても実りやすかった。カボチャは葉ばかり茂って、広い面積に伸びた割には実が少なくがっかりしたが、イチゴは蔓《つる》が伸びては地面に根を下ろしていくのが面白かったし、実が収穫できたのも嬉しかった。

そうした植え付けと並行して瓦礫の片付け作業も続いた。休憩用にヤカンで湯を沸かすついでに、中へ小さいサツマイモを入れて茹でる。それを引き上げると茹で汁がほんのりと甘く、それを飲むのも楽しみであった。今考えると、ほんとうに甘かったのかどうか疑問であるが、当時は甘味に飢えていたせいか、そう感じられた。

庭で作物ができるのは助かったが、それだけでは家族五人分の食料はとうていまかなえないし、収穫を待つわけにもいかないので、父は瓦礫片付けの合間に近在農家へ出かけては食べ物を買い出してきた。何が入手できるかは成り行き次第であった。

## バラックの再建

その冬、年を越して一九四六年一月に、我が家の焼け跡にバラックが建った。「バラック」の原意は「仮設兵舎」を指すようであるが、当時は仮設住宅をこのように呼んでいた。『戦災餘談』〔参8〕の（昭和二十年）十一月三十日の条に、住宅営団と「六坪二合五勺（筆者注、約十三畳分ほどの広さ）の家三千戸を建設工事付きで契約した（要旨）」とある。一棟千八百円で工期は二日間とされている。一宮市立中央図書館の収蔵資料に、一九四六年一月撮影の、大量の木材が積み上げられた写真（次ページ）があり、そのうちの一軒を購入したと思われる。

ただ、我が家の「新築家屋」は六畳ほどのサイズであったので、『戦災餘談』〔参8〕記載のものよりも小規模な家屋も販売されたはずである。

こうした家屋は、戦災から半年も経たない時期に市長ら市の幹部が奔走して住宅営団からまとめ買いしたもので、追加分を合わせると焼失家屋の約三分の一（概算）にあたる六千戸が相次いで再建されたとされている。『戦災餘談』〔参8〕によると、そのため、一宮市は「日本一復興が早い町」としてニュース映画でも紹介されたそうである。

この時の我が家の建築構造は、一辺が八センチメートルほどの角材で家の骨組みをした後、一メートル×二メートルの半柱製の木枠の片面に板を打ち付けた、今でいうプレハブパネルを立て並べた一間《ひとま》で、出入口と押し上げ式の窓がひとつ付いていた。この家が建ってまもなく電気が引かれて一軒に一灯ずつ電灯が点き、もう灯火管制も必要ない中で一度に屋内が明るくなって感動した。一間しかない家であるから、屋内はこれで十分明るかった。屋根は「トントン」と呼ばれた木の薄板で葺《ふ》かれた。神社建築などでは「柿葺《こけらぶ》き」と呼んでいるものであるが、厚

一宮市役所横に集積されたバラック建築資材
1946年1月撮影（一宮市立中央図書館蔵）

さ十五～二十センチメートルほど重ねる神社建築と違って数枚しか重ねられていないため、ちょっと雨が続くと屋内がところかまわず雨漏りして困った。家自体も隙間だらけで、とりわけ冬は屋内でも屋外並みの着衣をしていないと寒さで凍えたが、「自分たちの家」に住めるのは幸せであった。

ちなみに、一宮市立中央図書館の収蔵写真の一枚に、市役所の屋上から西（東海道線の方向）を撮影したものがある（下写真）。この写真の右手前の家は建築中であるが屋根が白い。すでにできあがった家も白っぽい屋根が目立つ。これは、多くが右に説明したのと同じ造りの家だと推定される。中央の大きな建物は焼け残ったコンクリート造の東海銀行一宮支店（本町通り二丁目、現「オリナス一宮」）で、左端に矢印を付した位置が、左右に一直線の本町通りである。終戦の翌年には、すでに東海銀行の手前の家のような、瓦葺きのしっかりとした家屋も再建され始めていた。

1946年撮影一宮市役所西方の景観（一宮市立中央図書館蔵）

## 学校の再開

### 国民学校の再開

大空襲の後、焼失をまぬがれた第四国民学校の校舎には、多くの罹災者が避難していた。そこで、講堂は避難所として使い、それ以外は学校が使うという形で再開した。さらに、二階建ての北校舎は、軍か軍需工場が使用していたほか、一宮中学校など焼失校に提供されて使えず、この年は九月から授業が再開されたようで（筆者の記憶では十一月）、午前中は一～三年生、午後は四～六年生、夜は青年学校が使うという三部制でおこなわれた。夜の部はわからないが、午前、午後の授業はそれぞれ四時間ずつであった。

そういう状況であったから、久しぶりであったし、一九四五年十月にＧＨＱ（連合軍最高司令官総司令部）命令による新しい教育方針で再開されたにもかかわらず、儀式めいたことは一切おこなわれなかった。奉安殿は翌一九四六年五月に撤去されるまで残っていたが、戦後はほとんど忘れ去られた存在になった。後年、この辺り一帯には同窓会館が建てられた。

### 教科書の墨塗り

四年生の授業が再開されたときにはすでに連合軍の占領下で、当然、「進駐軍（占領軍）」の指示に従った教育方針に変わっていた。教科と教科書については、修身と国史、地理が禁止され、国語や音楽は、戦争や天皇制にかかわる箇所を中心に、不都合な箇所を墨で塗りつぶすのが最初の授業であった。理科と算数は、ほぼそのままだったと記憶している。

一宮は進駐軍の駐留はなかったが、通学路の途中を横切る公園通り（途中から新柳通り、国道二二号、現県道一九〇号）が名古屋と岐阜を結ぶ幹線道路であったため、しばしば進駐軍兵士がジープをぶっ飛ばして行くのに出会った。当時、自動車はまれにトラックを見るくらいで、おもな貨物輸送は荷馬車であった。一宮にはまだ信号機がない時代であり、思いのままに走るジープの速さは、まさに「ぶっ飛ばす」という表現がぴったりであった。

**折りたたみ教科書**

一九四六年四月、五年生の授業は、新年度が始まってまもなく、全員に大判の教科書が二枚配布された。たぶん無料であったと思われる。この大判紙は、国定教科書を刷る用紙がなかったので、新聞用紙を流用して印刷されたもので、片面十六ページ、両面で三十二ページの折りたたみ教科書で、先生の指示通りに折っていくと、表紙とも三十二ページの冊子ができあがる、薄い教科書であった。二枚は、国語と算数の二教科用であった。

クラスの中には、折る順序を間違えて途中で大騒ぎする子もいて、最初からやりなおした。その後、家で、国語は右側、算数は左側を糸綴じしてから、綴じてない三方を切り離すと完成である。この年は、国語と算数はこの薄い教科書で、ほかの科目は、先生が時々答案用紙の裏などに手製で教材を刷って（孔版印刷。当時は「ガリ版《ばん》」と呼んでいた）配ってもらったが、その用紙も乏しく、年間で数えるほどの回数であった。それを補うように、必要なことは板《ばん》書《しょ》されることになり、それをノートに書き取ることが多かった。

一九四七年度、六年生は、薄いけれども全教科揃って教科書があった。

## 兄の進学断念

### 商業学校の焼失

兄が通っていた一宮商業学校は、一九三八年四月に我が家から東へ二キロメートル余り離れた浅野に設立され、兄は一九四二年四月に入学した。動員先の工場へ通う間に、一宮大空襲で自宅と学校を同じ日に失った。焼失直後の状況は、本書231ページに校門付近を撮影した写真を掲載した。この写真によると、校門の奥にしっかりとしたコンクリートの土台が写っているので、二階建ての校舎などが東西方向に長く伸びる形で校舎が建てられていたことがわかる。校地南辺のほぼ中央にある南門が正門であった。

現在の一宮商業高等学校の沿革によると、「昭和20年7月　一宮空襲に際し校舎焼失」の後「昭和21年4月　愛知県一宮商業学校に再転換」とされているが、詳しくは227～232ページで述べる。焼失後、半年ほど後には、同じ校地に木造平屋建ての仮校舎が建てられた。

## 戦後の学制改革

学校自体は、戦後の一九四七年春から学制改革がおこなわれ、小中高大の就学年数が「六・三・三・四年制」に改革されて、新制中学校卒業までの九年間が義務教育になった。一宮には、北部・中部・南部・葉栗・西成の五中学校が創設されたが、そのうち、南部中学校が商業学校の跡地を引き継ぐことになった。その結果、前述の写真の門柱もそのまま南部中学校に引き継がれた（現在は237ページ写真のように変わっている）。

この制度改革によって男女共学が実現し、旧制県立一宮中学校は県立一宮高等学校（場所は現在地と同じ、北園通り）に変わり、一宮高等女学校は一宮中学校と統合して一宮高等学校に移った。一宮商業学校もいったん一宮高等学校と統合したが、間もなく再び独立し、もとの浅野ではなく西宮通り（現文京）にあった一宮高等女学校の校地へ移転した。

## 「商業学校」の復活と卒業

話を兄の学生生活に戻すと、罹災後も動員先への「通勤」は続いたが、穴ぼこからの戦車自爆攻撃はしない間に敗戦を迎えた。そうした迎撃方法を他の生徒に伝える機会があったかどうかはわからない。仄聞《そくぶん》したところでは、こうした訓練は、愛知県豊橋市と三重県久居町（現津市）にあった陸軍部隊で熱心に普及がはかられたとされるが、筆者の見聞から察すると、動員先の工場で他の生徒に「自爆技術」を伝える機会はなかったと思われる（当時の実業中学生の動員先工場での扱われ方について、詳しい事情は『戦時下の中部産業と東邦商業学校』〔参21〕参照)。

一九四三(昭和十八)年に「中等学校令」が公布され、実業学校の修業年限について、国民学校初等科卒業程度を入学資格とするものは四年と定められた(同時に公布された「実業学校規程」による)。修業年限が一年間短縮されたわけである。

学徒動員は終戦で終了したはずであるが、正確な終了日は不明である。事業所から何らかの手当が出たとか、まとまった食品などを持ち帰ったというようなできごともなかったので、学徒動員終了の儀式めいたことがあったかどうかも定かではない。終戦時、兄は四年生で、しかも当時は十二月に繰り上げ卒業がおこなわれていた。この繰り上げ卒業制が廃止された時期は定かではないが、それとは別に、この年の卒業時には「従来通り四年生修了でも卒業できるが、もう一年間在学して五年生までいてもよい」という、柔軟な措置が取られた。そのため、同じ町内でもう一人同じ学校に通っていた同級生は四年で卒業し、兄は五年通うという奇妙な形になった。この学年では、四年で卒業したのは百一人、五年間就学したのは六十二人であった。

四年間で卒業した人たちは、一年生終了後は工場動員で終わってしまったわけであり、五年生に残った生徒はせっかく学業に戻れたのに学校が焼失して、浅野のお寺などに分かれて授業を受ける結果になった。後日想像すると、それでもこの一年間だけがまともに授業を受けられたはずであるが、教科書はなく、二年生から四年生まではほとんど授業を受けていない五年生に、どのような授業がおこなわれたのか想像することは難しい。しかし、本人はうらやましいほど生き生きと通っていた。

ただ、前述したように、兄自身は学徒動員中から『内燃機関』関係の本を数冊購入して読みふけっており、戦後は英語を習いたいと言って近くのキリスト教会へ通っていたので、商業に興味があったというよりは勉強に飢えていたように見えた。

それが高じて、この年の年末ごろに我が家では初めての「修羅場」が起きた。

## 兄の進学断念

ことの起こりは、兄が「東京外事専門学校（現東京外国語大学）を受験したい」と言い出したことであった。日ごろは兄にも筆者にも、たいていのことには協力してくれる母が、血相を変えて猛反対したのである。この件では、父はほとんど口出ししなかったが、何度も言い合う日が続いた中での両者の言い分はこうである。兄は、「アメリカのデトロイト（注）へ行きたい。そのために英語を勉強したい。どうせやるなら一番レベルが高い（といわれている）東京外事で勉強したい」。母は「今のような食糧事情の悪いときに、輪をかけて事態が深刻そうな東京へ行ったら、勉強どころか生きてゆけるかどうかさえわからない。英語なら家から通える南山外語学校（現南山大学）ではいけないのか」。要約すればそういうことが、険悪な空気をかもしながら続いたのである。

親には懐具合にかかわる事情もあったのかもしれないが、そのあたりはわからない。結果として「試験だけは受けさせる」ということになり、受験した結果、合格してしまった。兄はすっかり東京へ行く気になり、歯止めを失った母は縋《すが》りついて引き留める。両人とも泣きながら説得し合うということが数回続いた。結局最後は兄が折れて、上京はあきらめ、同じ自動車関係ながら別の道に進む結果になった。

（注）デトロイトはフォードやＧＭの本社があるアメリカ最大の自動車生産都市。今も多くの自動車関連産業が集まった地域として知られる。

# 第八章

# 戦災前後の一宮市内各学校の状況

## 市街地の小学校被害

一九四五年七月二十八〜二十九日の大空襲で、一宮市街地の小学校は、前述したように第一、第二、第五各国民学校が全焼し、第三、第四国民学校はほぼ無傷で残った。以下、各校の簡単な歴史と大空襲前後の動きを顧みる。

### 第一国民学校（現宮西小学校）

現在の宮西小学校は、『一宮の歴史』〔参53〕によると、一八七三（明治六）年以来左の表のような経過で、一宮村最初の公立小学校として成立した。大正末期の学校の景観は次ページ上の写真のようで、戦災に遭う直前もそれほど大きくは変わらなかった。一九四一年から第一国民学校と改称した。

同校は大空襲で石製の門柱を残してほぼ全焼してしまい、戦後は一九四五年九月から、第三国民学校（現神山小学

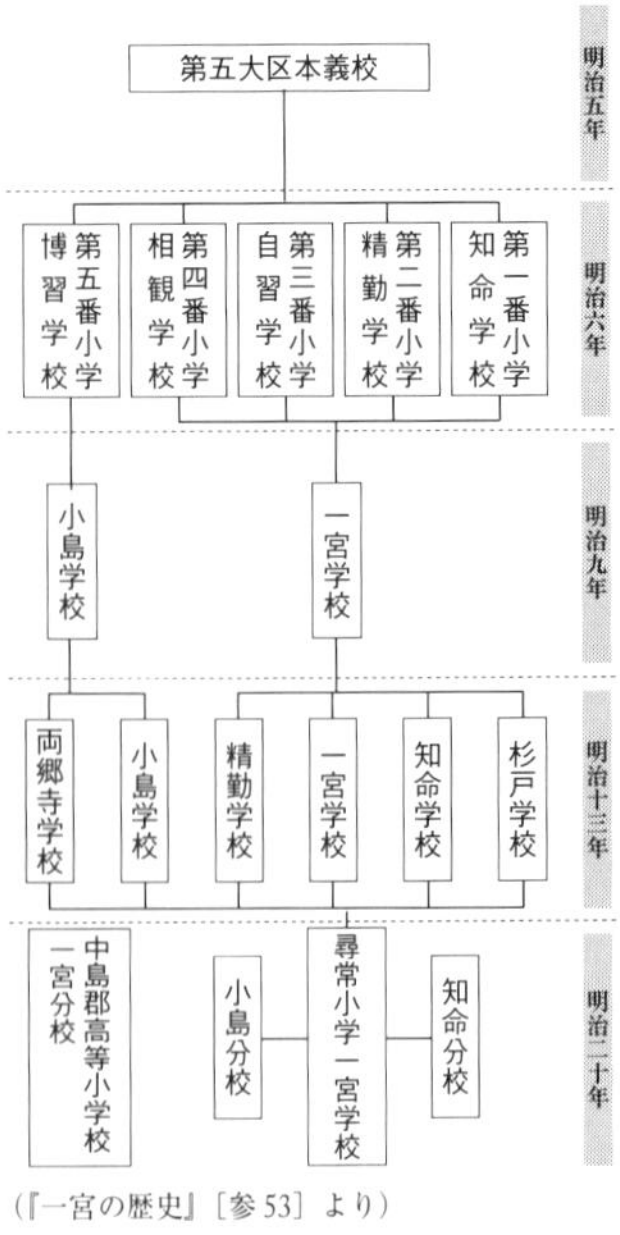


（『一宮の歴史』［参53］より）

校）の教室で、奇数学年と偶数学年が、教室を午前と午後に使い分ける二部制授業で再開した。その間、焼け跡となった旧校地には、学校周辺地域で亡くなった市民の遺体が運び込まれて、遺体安置所のようになっていたが、順次搬出された。

市の「戦災史編纂史料綴」〔参7〕によると、同校は七月二十八日二十三時三十分から翌日一時四十分ごろまで空襲を受け、宿直室、小使い室、警防団本部、職員室、南舎に十数発被弾し、校内に宿泊中の兵士二百余人や消防団員、教員らが消火にあたったが、引き続き十数回投弾され、すべての校舎が全焼してしまった。

大正末期の第一尋常小学校（一宮市立中央図書館蔵）

全焼した第一国民学校（一宮市立中央図書館蔵）

宮西小学校の現況

**第二国民学校（現貴船小学校）**

義校（明治初期の地域立小学校）のひとつであった両郷寺尋常小学校が一九〇三年に一宮男子小学校と改称、さらに一九〇九年に一宮第二尋常小学校と改称し、一九一四年からは小学校卒業後さらに二年間、おもに社会人としての勉強を続けることができる尋常高等小学校となった。一九四一年に他校とも一斉に改称して第二国民学校となった。戦後、短期間第二小学校と改称した後、一九四八年に占領軍の「数字で呼ぶな」という指示で、現在の貴船小学校名になった。戦前の校舎は右下の写真のようであったが、大空襲で全焼（左下写真）。その後、同じ場所に鉄筋校舎が再建されて、現在は次ページ下の写真のような三階建て校舎になっている。

同校は、七月二十八日の二十三時五分から翌日一時四十分ごろまで空襲を受け、「御真影警固係」は瀬部国民学校に預けてあった御真影の警護に向かい、他の職員は登校して防衛した。結果的には、御真影奉安所と小さい物置、東便所を除き、校舎は全焼してしまった〔参7〕。

御真影の預け先であった瀬部国民学校も「奉安殿の外廊ヲ残スノ

全焼した第二国民学校
（一宮市立中央図書館蔵）

戦前の第二尋常高等小学校
（一宮市立中央図書館蔵）

ミニテ全焼」してしまった。そのため、「七月廿九日ヨリ三日間カ、リ全職員焼残リノ材料ニテ六坪ノ本部仮小屋ヲ建設」した。それと並行して、「罹災後連日職員並ニ児童出席シ炎暑ノ下焼跡整理ヲ」した。

同校では九月六日から第三国民学校の十教室を借りて二部授業を開始し、半日は授業、半日は焼け跡整理をおこなった。校舎の焼け跡整理は十一月下旬までに終わったので、そこへ麦とソラマメを蒔《ま》いた。十二月以後はできるだけ授業を優先させ、その間、校地は連区内の遺体安置所や臨時食糧配給所としても使われた。

貴船小学校の現況

なお、瀬部国民学校の報告書〔参7〕は二通あり、もう一通によると、「九月一日より残存遊休工場を借用し、取敢へず授業を行ふ」として、学年ごとに貴船被服工場、平松工場、宮田工場、第三国民学校、一宮市青年学校（第四国民学校内）に分けて授業がおこなわれ、一〜三年生は二部授業だったとされている。一九四六年六月十七日に仮校舎十八教室が完成し、全員本校に復帰した。

**第三国民学校（現神山小学校）**

現在の神山小学校は、一九〇三（明治三十六）年に一宮町全域の女子教育機関「一宮女子高等小学校」として開校された。尋常科は修業年限四年、高等科も同じく四年であった。その後、一九〇八年十一月に一宮町内の小学校を第一から第四に整備し直し、尋常科の就学年限は六年に延長された。この改変にともなって、一宮女子高等小学校も、尋常科は男女とも入学できるが、高等科は女子だけの一宮第三尋常高等小学校に改組された。児童数は尋常科約五百人、高等科女子約百人であった。

当時の尋常科教育について、同校の『かみやま 22年史展記念〔参79〕』は次のように紹介している。

「教科書は、黒表紙のもので、国語、算術、地理、国史などの教科があった。習字も重んぜられ（中略）た。音楽の時間、オルガンのほかに、バイオリンが使われた（中略）。午前中3時間、午後1～2時間の授業で、低学年はおもに午前中、高学年でも週20数時間という授業時間（以下略）」「高等科の女子のみはえび茶の袴にレインシューズと、和洋折衷のしゃれた服装であった」。

この学校が手狭になったため、一九一六（大正五）年に八幡社があった神主山に新校地を求めて移転し、近代的な校舎で再発

神山小学校の現況

戦前の第三尋常高等小学校
（一宮市立中央図書館蔵）

足した。この時期には、「学童も千名に近い数となり、校区は現在の（筆者注、当時の）本町通り2丁目～5丁目という中心街を持つ、町内最大最良の学校」で、クラブ活動も盛んであった。とりわけ書方部（書道部）、図画部（美術部）、野球部、陸上部の活躍が目立った〔参79〕。

一九二六年には第三青年学校が併設され、一九四一年から第三国民学校と改称された。戦災はほぼまぬがれ、校舎は戦前のままであったが、一九四八年に、これも他校と同様の理由で神山小学校と改称された。その約十年後、市の都合で〔参9〕校地を替わることになり、現在地に新築移転した。それに合わせて校区も拡大され、旧大和《やまと》東小学校区と大和西小学校区の一部も神山校区に加わった。

**第四国民学校（現大志小学校）**

一九〇三年、現在地に一宮男子尋常小学校として開設され、一九〇九年に男女共学の一宮第四尋常小学校、市制施行とともに一九二一年から一宮市第四尋常小学校と改称した。開校以来一貫して児童が増え、一九三四年十二月からは一、二年生を二部授業にしてやりくりし始めた。ピークに達した一九三七（昭和十二）年には在校生千九百二十人、三十学級という大型校になった。校地を広げる余地はなかったため、翌一九三八年に第五尋

大志小学校の現況

常小学校（現向山小学校）を新設して校区を分割した〔参58〕。

一九四一年から第四国民学校と改称、二回の空襲では戦災をまぬがれ、他校と同時期の一九四七年から短期間だけ第四小学校、一九四八年十月一日から大志小学校と改称した〔参55〕。

第四国民学校の旧校舎はすでに紹介しているので（52～53ページ）、現況の写真だけを示す。

### 第五国民学校（現向山《むかいやま》小学校）

現在の向山小学校は、前項で述べたような事情で、第四小学校の校区を分け、一九三八年四月、一宮市第五尋常小学校として、一宮中学と道を隔てた西隣に児童数四百八十六人でスタートした。

一九四一年から第五国民学校と改称し、大空襲で全焼した。校舎が再建されるまでは、第四国民学校の校舎を共用した。一九四六年六月初めに仮校舎ができたので自校へ戻り、他校と同時期に第五小学校、一九四八年十月から向山小学校と改称した。同校のホームページによると、この間、一九四七年二月十二日から学校給食が始まった。

全焼した第五国民学校（一宮市立中央図書館蔵）

なお、『一宮の歴史（第二版）』〔参54〕に「ほかに瀬部・赤見の国民学校の一部が焼失した」（二百七十八ページ）との記載があるが、213ページに記載した以外は調査しきれなかったので、その紹介にとどめる。

向山小学校の現況。校門は創立当初のもの

コラム

## 学校給食の始まり

戦後の食糧難対策の一環だったと思うが、一九四六年に学校給食が始まった。たぶん全市一斉におこなわれたと思われるが、筆者がこれまでに見た資料では、一九四六年からという学校と、一九四七年からとしている学校とがあった。一宮では、戦前には給食の話を聞いたことがなかったので、おそらくこれが最初の学校給食であったと思われる。筆者は五

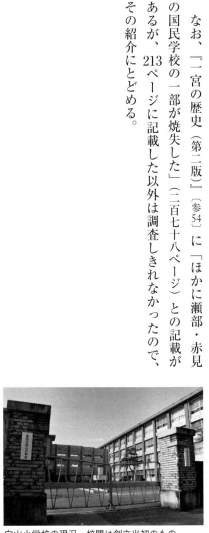

年生であったが、「お椀と箸を持参せよ」という事前指示で、各自がそれらを持参した。バケツに入れられた「給食」が各教室へ運ばれ、家庭用と同じお玉杓子で掬《すく》い分けられたのは、やや温かいシジミのおすましであった。ご飯やパンはなく、この給食一回だけで終わった。
その翌年度（一九四七年度）から、小学校では給食が始まった。小学校ではコッペパンに小袋入りのマーガリン、粉ミルクを溶かした牛乳の給食が始まった。粉ミルクは進駐軍の放出物資であった脱脂粉乳をお湯で溶いたものであった。当時はお腹がすく盛りであったが、この「脱脂粉乳還元牛乳」は味と舌触りに独特のクセがあり、嫌う児童が多かった。メニューには変化がなく、月曜日から金曜日まで同じ品が繰り返し出された。土曜日は半日授業で給食はなかった。

コラム

## 戦後のクラブ活動開始

### 小学校でクラブ活動

占領軍の駐屯がなかった一宮の小学校では、教科内容から神がかり的な内容や天皇・軍人賛美の教育が消えた以外は、占領政策にかかわると思われる変化はあまり感じられなかったが、その影響と思われる動きがあった。第四小学校では一九四七年春、六年生だけを対象に「理科部」と「音楽部」のふたつのクラブ活動を始めることになり、希望者が募集された。なぜ対象者が六年生だけだったのか、翌年はどうなったのか、詳しいことはわからないし、他校との児童同士の交流はほとんどなかったので、他校の動きも不明であるが、後年、筆者は、戦後まもなくのころの、第一国民学校器楽部と推定される写真を見たことがある（〔参86〕171ページ）。同校には戦前（第一尋常小学校時代）から名古屋放送局の放送に出演するほどの教員チームと機材（楽器）があったので、筆者が見た写真は、このころの第一小学校のクラブ活動のひとコマだったのかもしれない。

第四小学校では、「参加できなかった」という話は聞かなかったので、事実上無選抜だったと思われるが、男子六人と女子五人の十一人で理科部が発足した。必要な材料などは各自が自費で買い集めて持ち寄り、拘束がない自主的活動であったが、途中で欠落した部員はいなかった。もうひとつの音楽部は全員女子。実態は二十人ほどの「合唱部」だったようで、合唱コンクールなどに出場していた。

一宮でも戦前から幼稚園の「鼓笛隊」などクラブ活動に似た活動はあったが、ここで紹介するものは、ほぼ間違いなく進駐軍の指示による「生徒の自主性に基づく活動」としての新しいクラブ活動の試みであったと思われる。

**理科部の活動**

理科部の活動拠点は、放課後、自由に使えることになった理科準備室であった。中村先生という若い教師が顧問で、特に決まったテーマはなく、薬品使用などには許可が必要ではあったが、グループとしてならほとんど自由に活動することができた。最初は石鹸づくり、次はリンゴ酒（試飲しないうちに黴《かび》てしまった）、鉱石ラジオの製作（ラジオは一人一台ずつつくったが、筆者がつくったものも、何度もコイルの巻き直しをやった末、音は小さかったが名古屋放送

1947年春、第四小学校最初のクラブ活動「理科部」の面々。後列左から2人目が中村先生、前列右から3人目が筆者

局の放送を受信できた）など、テーマが決まったものから、ワイワイ言いながらあれこれと試みた。

**伊勢平和博へのチャレンジ**

同年秋に中村先生が持ち込まれた話だったと思うが、三重県の宇治山田市（現伊勢市）で開かれる博覧会に出品しないかという誘いを受け、一も二もなく理科部としてチャレンジすることにした。これは、一九四八（昭和二十三）年三月三十一日から五月三十一日まで宇治山田市で開催された「平和博覧会」で、四会場に分かれて開催されたうちの「西会場（近鉄宇治山田駅前）」で開かれた企画であった。同博覧会の報告書に、「西会場は（中略）なかでも、子供の科学館は『子供を中心とした教育的な科学知識の普及を計るため、『子供の発明品懸賞募集』も実施しました」とあり、これに応募したと思われる。

出品作品としては、「適温報知器」をつくることにした。風呂などの湯温が予定の温度に達するとベルで知らせる装置であった。温度計が示す所定の位置をベルに伝える仕組みの考案に苦労した記憶であるが、結果は「佳作入賞」。賞品は人数分の四会場共通入場券であった。博覧会自体は中学校へ進学してから開催されたが、六年生はこうしたクラブ活動の楽しさで明け暮れた。

# 旧制中学校の被害と戦後改革

## 一宮中学校（一宮高校）

県立中学校は、名古屋市と岡崎市に一校ずつ（現旭丘、岡崎高等学校）のあと、一九〇〇年に津島（三中）と豊橋（四中）、一九〇七年に熱田（五中）に開設されたため、一宮・半田・刈谷などが「次はうち」と猛烈な誘致合戦を展開した。そのためかえって決まらず、十一年後の一九一七（大正六）年に、尾北地域（六中）、知多地域（七中）、西三河地域（八中）三校の開設が決まって、愛知県の県立中学校新設はいったん終了した。その後わが国では、一九二五年前後から武力侵略を軸とする軍国主義的教育が強化された。

県立第六中学校の尾北地域開設が決まった後も、具体的な校地については一宮町のほか、岩倉町も猛烈な誘致運動を行っていた。そこで一宮の有力者たちがはかって、豊島半七氏（一宮の有力糸商。現在は本社名古屋・豊島株式会社）から一万円の公債証書を借り受け、これを持参して県庁に赴き「已《すで》に一宮町民は中学校設置に要する敷地五町歩の無償提供を為《な》すべく潔《いさぎよ》く調印を見つゝあり」と、いささか誇張した陳情を行った。こうした努力もあって誘致に成功し、一九一七年七月二十四日に一宮へ開設決定の内示を受けた〔参73〕。

まもなく、現在一宮高等学校がある場所（北園通り）に校地が決まり、校舎建設に着手したが、一九一九年四月の開校には間に合わず、第四尋常小学校の校舎の一部を仮校舎として開校した。定員六百人、一学年百五十人の四年制男子校であった〔参55〕。

下の写真は、創立後まもない時期に撮影された一宮中学校（愛知県第六中学校。通称「六《ろく》中《ちゅう》」もしくは「一中《やりちゅう》」）の校門と本館正面である。

一九四三年から生徒は軍需工場へ動員されるようになった。こうした学徒動員は一宮中学校のような普通科校も、実業学校や女子中学校も同様で、公立・私立の区別もなかった。

大空襲では特に念入りに攻撃されたようで、次ページの写真のように、コンクリートの構造部分を残して文字通り全焼してしまった。まもなく、学徒動員で軍需工場などへ出ていた生徒たちが帰校し、一時期は市内各地に分散して授業がおこなわれたが、一九四六年には木造校舎が建てられ、自前の教室で学べるようになった。

日本自体が占領下に置かれた戦後は、一九四六（昭和二十一）年三月にアメリカの教育視察団による視察がおこなわれ、その報告書に基づいて占領軍指導のもとで教育課程の抜本的改編がおこなわれた。

主要な改変事項は、①複雑な進学コースを整理し、小・中・

戦前の県立一宮中学校本館
（一宮市立中央図書館蔵）

高・大を「六・三・三・四年制」に単純化（実際には、就学二年間の短期大学も制度化された）、②義務教育期間の六年間から九年間への延長、③戦前の「男女七歳にして席を同じゅうせず（注）」の原則から、公立学校の男女共学への変更であった。中でも大きな変化は義務教育期間の延長で、この改革によって一九四七年度から新たに義務制の中学校が新設された。それ以前から中学校があったため、当初数年間は旧制中学校と区別して、頭に新制を付けて「新制中学」と呼ぶことが多かった。

一九四八年三月三十一日、学制改革で一宮中学校は廃止され（在校生が卒業するまでの二年間は新入生なしの形で存続した）、翌四月一日から一宮高等学校として再発足したが、同時に一宮高等女学校、続いて一宮商業学校も合併した。当然男女共学になったが、一九五九年に「家庭課程被服科」という女子クラスが設けられた。

（注）この言葉は中国の古典『礼記《らいき》』からの引用。実際には小学校（国民学校）卒業までは男女とも同じ学校へ通ったが、二年生まで

1945年撮影、空襲で廃墟化した一宮中学校の校舎
（一宮市立中央図書館蔵）

一宮高等学校の現況

は男女同じクラス、三年生からは別クラスに分けられた。

### 校章の由来

一宮高等学校の校章は下のようなデザインで、当時の一宮の学校では、これと同形の「八咫鏡《やたのかがみ》」の輪郭を用いたものが多い。理由は、真清田神社の祭神である天《あめの》火《ほ》明命《あかりのみこと》（異説もあるが社伝による。〔参93〕参照）が、天照大神《あまてらすおおみかみ》が「天《あま》の岩戸《いわと》」に隠れたのを引き出す際に用いられた鏡（八咫鏡）の制作者だと伝える神話に基づくもので、天皇神格化時代であった一九三〇年代から四〇年代前半へかけての時期は、この神話に依拠するデザインが格別好まれた。八咫鏡の原初品は伊勢神宮に存在すると伝えられ（形代《かたしろ》=レプリカは皇居にもある）、その形状が図のような輪郭であることからこの形状が用いられた。

八咫鏡を模った一宮高等学校の校章
（一宮高等学校提供）

### 一宮高等女学校（一宮高校）

大正期の一宮町では、産業発展期にあったことや、折からの「大正デモクラシー」の風潮も受けて、よりレベルの高い教育への関心が高まり、一九一四（大正三）年四月十一日夜の臨時町会（今日の議会に相当する有力者会議）で、中学校の開設、高等女学校の開設、それらに関する予算がはかられ、議決された。それまで小学校しかなかった一宮町に中等学校をつくろうという決定であった。そのうち、中学校（男子校）はすでに県内有力都市で開設され始めていた県立校の誘致、高等女学校は、県立は望み薄なため、町独自に開設する構想であった〔参73〕。

男尊女卑《だんそんじょひ》（男は上、女は下と見る思想）の時代にあって、この一宮の考え方は、今日にも通じる「民主主義的」思想に見えるが、それとは明確に異なり、「結果として」男女平等になったものであった。当時も基本思想はやはり男尊女卑で、「子どもを産み育てるのは女の役割」というのは疑う余地がないと考えられていた。そのため、健全で賢い子どもを育て（させ）るためには、女性自体を賢くする必要がある。だから高いレベルの教育が必要である、と考えられたものであった。

男子校である一宮中学校は、その沿革で紹介したような経過で、開設が予想よりも大幅に遅れた一方、女学校の方は一宮町独自で動くしかない。そこで、県立中学校開設の陳情行動を進める方針を決めた半年後の一九一三（大正二）年十二月二十六日に、「町立高等女学校の創立認可」を取り付けてしまった。こうした経過で一宮では、当時としては珍しく、中学校の開設よりも四年早い一九一五年四月十二日に、定員四百人の一宮町立高等女学校が開設された〔参73〕。

同校は、その後、一九二一年九月の一宮町の市制施行にともなって、一九二三（大正十二）年に一宮市立高等女学校と改称し、一九三六年、現在一宮商業高等学校がある宮西通りへ新築移転した。ちなみに筆者の母はこの年に入学しているので、市立の高等女学校になった最初の新入生だったようである。当時の町立高女時代の校舎は下の写真のような建物であった。

大空襲では、当時学校があった宮西通り一帯が全焼し、女学校も全焼した。「一宮戦災史編纂史料綴」〔参7〕によると、七月二十九日に唯一焼け残った温室を復興本部とし、在校していた一、二年生と、動員先が焼失した三、四年生で資材を分別しながら焼け跡の片付けにあたった。校地内には焼夷弾の殻が約百三十五個落ちていたという。八月五日からは本部を第四国民学校に移し、生徒の被災状況の調査などにあたった。死亡した生徒十人へは百円ずつの香典、被災生徒には全焼者十円、半焼者五円の見舞金を贈った。終戦とともに動員生徒が帰校し、九月から一宮女子商業学校（私立。現修文女子高等学校）を借りて、同校と隔日交代で授業を再開した。

1915年撮影の一宮町立高等女学校
（一宮市立中央図書館蔵）

翌一九四六年までに木造平屋建ての校舎が再建された。その後、一九四八年四月、学制改革により一宮市立高等学校と改称されるとともに、県立一宮中学校へ統合され、北園《ほくえん》通りの県立一宮高等学校と合併した。

## 一宮商業学校

### 学業よりも軍事訓練

一宮商業学校では、一九四〇年代になると、在校中の時間には、「分列行進（行軍の訓練）」「投擲《とうてき》（模擬手榴弾を投げる訓練）」「匍匐《ほふく》前進（腹這いのまま肘《ひじ》だけで前進する訓練）」など、軍事訓練の時間が増えた。一九四二年ごろからは、男の働き手が出征した農家の手伝いに行く「援農《えんのう》奉仕」や、飛行場、掩体壕《えんたいごう》（飛行機を覆い隠す巨大な覆い）などの軍事施設づくりの奉仕に駆り出される機会が増え、一九四三年になると、中学二年生以上は兵器工場へ動員されるようになって、事実上教室から切り離された。

当時は、戦時統制強化のために生活用品を中心に「配給」制度が拡大されつつあり、おもに政界で「商業不要論」が台頭しつつあった。そのため、政治的には実業学校（工業、商業、農業、造船学校など）の中でも商業学校は軽視されがちになった。

## 在校生の出征

右下の写真は一九四二年、「青少年学徒ニ賜ワリタル勅語奉読式観閲分列式に行進する本校生徒　一宮中学にて」と説明がつけられた『五十年の歩み』〔参48〕所載の記録写真であるが、帽子の形が違う以外は軍隊の「閲兵」風景そのものである。手前で敬礼しているのは一宮中学の校長か、軍から派遣された高官だと思われる。その左に立っている生徒が、実際の出陣時には全生徒の指揮を執るはずの「指揮官」役である。本書では別項（135〜136ページ）に各中学校から生徒代表が豊橋へ「自爆訓練」などの特別研修を受けに行っていたことを紹介したが、当時、一宮中学から派遣された生徒のひとりだと推定される。

一九四三年になると、中学校や実業学校の男子生徒には、自主的に兵士になる「志願兵」の募集が強化された。よく知られているのは海軍予科練修生、通称「予科練《よかれん》」である。学校によっては割り当てるようにして、半ば強制的に志願させた例もあったようである。女学校には「女子挺身隊」という救護活動などにあたる要員が募集された。翌一九四四年になるとそうした動きはますま

現役生徒の出征

（『一宮商業三十年史』〔参47〕より

市内中学校の分列行進・観閲訓練

（『五十年の歩み』〔参48〕より）

す激しくなり、商業学校では在校生が志願兵として出征する機会も増えた。前ページ左下の写真は、『一宮商業三十年史』〔参47〕に掲載されている一枚で、この写真には「本校の生徒にもぞくぞくと召集令がきた＝昭和19年」という説明がつけられている。前列の五人が現役生徒の出征者である。この写真が撮影された一九四四年は兵役年齢が満二十歳から十九歳に引き下げられた年であり、やや年のいった生徒には召集《しょうしゅう》（兵役《へいえき》への呼び出し）が掛かった可能性があるが、むしろ十七歳から応募できた志願兵による出征が多かったと推察される。いずれにしても生徒が教室（実際には工場動員中）から出征した時代であった。

なお、『一宮空襲についての手記　憲法9条を守る一宮市民の会報より』と題する冊子〔参56〕に収録された、大和町（一宮市）の浅井武さんの「『予科練』入隊の日」手記には、「（出征の日、村の神明社で区長さんらの激励を受けた）その時、満15歳と2ヶ月であった。……（中略）……私が15歳で志願したことは驚くほどのことではなかった。」と記されている。

**工業学校への転換**

一九四三（昭和十八）年十月十二日、「教育ニ関スル戦時非常措置方策」（文部次官通達）によって、商業学校（男子校）は工業・農業・女子商業のいずれかに転換を求められることになった。物資流通の主流が配給制になれば、男には「商業」の知識は要らないというわけである。

そこで、公・私立を問わず当時の商業学校の多くは工業学校へ転換し、一宮商業学校も一宮工業学校に改組された。しかし、実態は工場動員で現場で従業していて、すでに工業学校化していたので、学校運営の実状はよくわからないが、生徒にとっては動員先（勤務先と同じであるが、身分は生徒であり勤務したわけではなかった）も仕事内容も変化はなかったようである。加えて、231ページの写真は、この工業学校への転換から一年半以上経過してから撮影された、空襲後の同校の校門から見た校舎の焼け跡写真であるが、拡大して見ると、門柱の表札は「商業学校」のままである。それ自体が県立校らしくない扱いである。

一九四四年四月から一九四六年三月までの二年間だけ存在した一宮工業学校時代、二年生以上はすべて軍需工場へ分散動員されていたようなので、工業教育の実績はほぼなかったと推察されるが、在籍した生徒のために、下写真のような学校の徽章《きしょう》が作成された。（参47）に掲載の「校章物語」には、「商業校から工業に転換した昭和十九年四月から二十一年三月までの短期間のもので、材料もすでになかった関係もあり白地のセルロイドに赤で一工と印刷したお粗末な品、たしか二十年四月の入学者にはこれさえなくて（筆者注、下の写真のように）各自画用紙やボール紙で作らせたことを記憶している」と記録されている。参考に商業学校時代の校章も併載しておく。

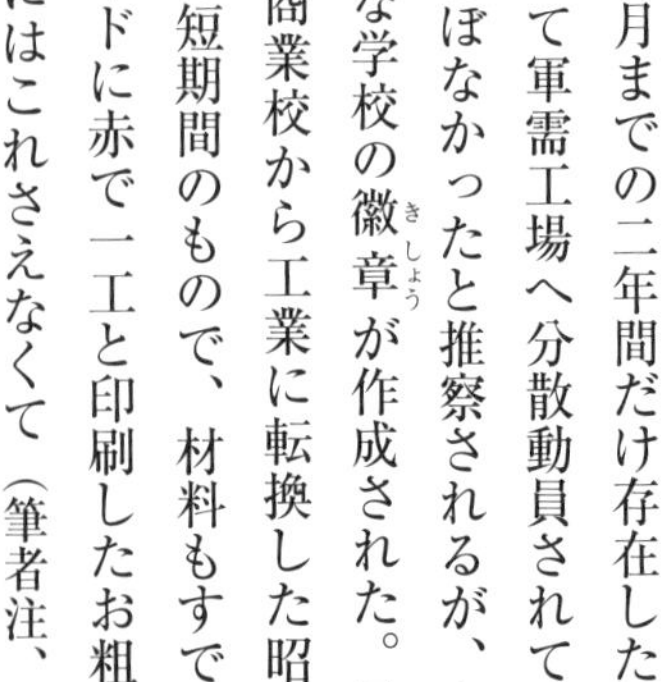
一宮商業学校の徽章（右）と一宮工業学校時代の手づくり徽章（左）
（『一宮商業三十年史』より）

なお、この「一工《いちこう》」徽章のもとのデザインは、文字の太さが右の「一商《いちしょう》」の徽章とほぼ同じで、もう少しすっきりしていた。手づくりさせてでもこうした校章が必要だったのは、生徒に自覚を持たせることのほか、多くの学校から生徒が派遣されてくる動員先で、所属校を識別できる標識が必要だったからである。

**学校の焼失と戦後の学制改革**

大空襲当時、一宮商業学校は、市街地から東へ一キロメートル余り離れた浅野にあった。現在の南部中学校の場所であり、くしくも戦災三年後には、この場所に開設された中学校へ筆者自身も通学することになる。

同校の沿革によると、大空襲で校舎焼失の後、同じ浅野の常保寺などに仮教室を設けて仮校舎の建築を待った。その間に一宮中学校との統合、一九四六年四月の一宮商業学校への再転換など、次ページに列記したように目まぐるしく変転した。生徒は、学徒動員は戦後まもなく終了したが、その後は常保寺などでようやく落ち着いて勉強できるようになり、まもなく下の写真の焼け跡に平屋の仮設校舎が建てられて、そこで授業がおこなわれた。

その間に旧制中学校で改革が進み、一宮中学校と一宮高等女学校が統合して、新制一宮高

一宮商業学校の焼け跡（一宮市立中央図書館蔵）

等学校（過渡期二年間は中学校も併設）を開校した後、一宮商業もこれに統合された。一宮商業学校は一九四六年四月から再び分離独立し、空き家になった旧一宮女学校の校地（現文京二丁目）へ移転した。

一九四七年春から学制改革がおこなわれ、浅野の校地は、紆余曲折を経て後述（237～238ページ）するように南部中学校に引き継がれた。

## 一宮中学への合併と再独立

一宮商業学校は、一部前述したように、その後も複雑な変遷をたどった。同校のホームページには、この間の経過が次のように紹介されている。理由は述べられていないが、一九五一年には再び独立した。

昭和一九年四月　学校転換　学制改革により愛知県一宮工業学校となる
昭和二〇年七月　校舎焼失　一宮空襲に際し校舎焼失
昭和二一年四月　学校再転換　愛知県一宮商業学校に再転換
昭和二三年四月　新学制実施　新学制にともない愛知県立一宮商業高等学校となる
昭和二三年九月　移転　一宮高等女学校跡に移転（一宮市文京二）
昭和二四年四月　統合　第二回統合によって一宮高等学校に統合せられる
昭和二五年四月　再移転　一宮高等女学校跡に一宮高等学校分校として再移転
昭和二六年四月　独立　一宮高等学校より分離・単独の愛知県立一宮商業高等学校となる

（筆者注）創立から浅野校舎移転までの二年間は「一宮市第五小学校」の一部で開講していた。

**一宮女子商業学校（桃陵高校・修文女子高校）**

戦前、一宮には「裁縫女学校」など女子向けの私立教育施設もいくつかあったが、その多くは戦災前後に閉鎖された。そうした中、医師で、大空襲前後には一宮市長も務められていた吉田萬次氏により、一九四一（昭和十六）年、市の西寄りの日光町に私立の一宮女子商業学校が創設された。最初に建てられたのは右下の写真のような校舎であった。

同校は、空襲の被害をまぬがれ、一九四八（昭和二十三）年の学制改革により、普通科、商業科、家政科の三課程を備えた桃陵女子高等学校として再発足した。太平洋戦争中にタイ〜ミャンマー間に建設された泰緬《たいめん》鉄道の守備隊として派遣され、運よく生還した星野充氏（志民連いちのみや代表・星野博氏の父）も、復員後しばらく同校で英語教員を務められていた。その後、一九五五年に一宮女子高等学校に校名変更し、二〇〇八年から修文女子高等学校に改称。現在は、一九五五年に創設した短期

開校時の一宮女子商業学校校舎
（修文女子高等学校提供）

修文女子高等学校の現況
（修文女子高等学校提供）

大学部や幼稚園、二〇〇八年に設立した四年制の修文大学も併設した総合教育機関として、学校法人修文学院が経営している。

## 新制中学校の創設

### 北部中学校

伊藤一氏の『市長おぼえ書き』〔参9〕によると、一宮における新制中学校は、市街地三校のうち比較的スムーズに敷地が決まったのは、旧片倉製糸一宮工場跡地に決まった北部中学校だったようである。それでも、実際に同校の用地が決まったのは一九四七（昭和二十二）年十一月十九日で、場所は現在地の松降通五丁目であった。最初に完成した校舎は「南舎・中舎」の二棟で、一九四九年一月から使用し始めた〔参70〕。

学校自体は一九四七年四月から開校し、男子二百七人、女子百六十九人の一年生が入学したが、そのときにはまだ校地も決まっていなかった。そこで、これも空襲で全焼した後に建てた仮設校舎の第二小学校の四教室を借りて本校とし、同じく被災校であった一宮女学校の仮設校舎二教室を分教場に借りて授業を始めた。翌年になると

北部中学校の現況

新一年生が入学したため、本校を午前と午後で使い分ける二部授業にしてやりくりした。その間に校地が決まり、直ちに建設にかかった校舎が一九四八年一月十日に完成し、ようやく生徒全員が同じ校舎で学ぶことができるようになった〔参70〕。

前ページの写真は同校正門前から見た現況である。

### 中部中学校

中部中学校は学区が第三小学校区だけということもあり、用地を探せる条件が少なく校地選定に難航した。結局、校区内で、焼失し空き地になっていた旧東洋紡績跡地（戦時中に川崎航空機に譲られていた）の土地を探し出したが、そこは倉庫用地として転売の話が進んでいた。たまたま購入予定者が当時の一宮商工会議所会頭であった森田秋男氏であったため、伊藤市長直々の交渉の結果譲り受けることができ、一九四七年六月一日に決着した（結果的に北部中学校の敷地よりも早く決まった）。当然校舎建設はそれからである。

中部中学校の現況

学校自体は、一九四七年の新年度から開校したので、当初は、神山小学校の一部を仮校舎としてスタートした。同年四月十八日に開校式がおこなわれ、その後、工場跡地の買収契約が成立した。翌一九四八年春には新一年生も入学して生徒数も倍以上に増えたので、教室のやりくりに苦労したが、同年、二学期半ばの十月二十九日に南舎と名付けた最初の校舎（木造平屋建て）が竣工した。そのころは木造平屋建ての中舎も建設中であったが、さっそく移転。中舎は一九四九年一月三十一日に竣工し、一九五〇年度からは完成した校舎で始業式を迎えられるようになった。これらの校舎は一九五五年以後、順次鉄筋コンクリート造に建て替えられ、体育館やプールも整えられた。前ページの写真は同校の現況である。

なお、中部中学校では、一九五三年の卒業生有志が「一宮空襲と戦争を伝える会」という集まりを組織し、同級生ら二十一人の戦時下の経験談を集め、『子どもたちに伝えたい 一宮空襲と戦争の記憶』〔参64〕という本を出版した。この本は、二〇一四年六月に初版が出された後、二〇一六年十二月に第二版が出版されるという、充実した本づくりがなされている。

## 南部中学校

### 用地のめどが立たず難航

南部中学校の校区は、とりわけ家屋が密集していて、広い空き地はもちろん、まとまった工場跡地や農地さえなかった。当初は校区南端の牛野地区に用地を求める想定で「南部中学校」としたようであるが、用地が確保できず、見込みさえ立たない間に開校期を迎え、一九四七年四月には開校してしまった。校区内では第四《だいし》小学校（現大志《だいし》小学校）が被災をまぬがれたので、とりあえずその一部を借りて開校し、教室不足は二部制授業で急場をしのいだ。翌年春には筆者ら新一年生が入学したので、さらに大変になり、「屋内運動場」とも呼んでいた講堂を仕切って教室に充てるなどしてやりくりしたが、なお用地は見つからなかった。

その後、浅野の一宮商業学校が宮西通り（現文京二丁目）の一宮高等女学校跡地に移転することになったので、県と交渉して商業学校の跡地を譲り受けることができ、ようやく校地が決まった。ただ、この場所は校区外であったため、商業学校が立地していた浅野小学校区と、旧第四・第五小学校区を合わせて新たな校区とした。

南部中学校の現況

## ようやく自前の校地に移転

筆者は一九四八年四月入学の南部中学校二回生（開校時に旧制高等科生が二、三年生に移行したので、卒業回次としては四回生）であったが、一年生の一学期は第四小学校で学び、授業は二部制であった。そんな状況であるから、クラブ活動などはできず、体育の授業さえ思うようにできなかった。そのため、「自分たちの学校」ができあがることを切望していた。

一年生の夏休み明けに、教室の大掃除を済ませ、各自が自分の机と椅子を第四小学校から浅野の現校地まで運んだ。生徒たちは、誰に指示されたわけでもないが、机を頭上にかぶるように担ぎ、片方の肩に椅子を引っかけて、ぞろぞろと二キロメートルほどの道のりを運んだ。

当時の校舎は、下の写真のような平屋建ての応急校舎で、廊下には気を付けないと足が挟まる割れ目もあった。当時はまだ下駄ばきも多かったので、その廊下をカタカタ鳴らしながら歩き回った。筆者が入学した時にはまだ二年生と一年生しかいなかったが、翌年に新一年生が入ると教室が不足する。そこで、まもなく校地の北端近く（校門は南端）に二階建ての新校舎を建設し、翌年には仮設ではない本格的な木造二階建て校舎が完成した。

筆者らが移った当初の南部中学校校舎。同年はこの一番手前の教室で学んだ
（『一宮商業三十年史』より）

当時は特別な事情がないと自転車利用も許可されなかったため、二キロメートルほどの道のりを歩いて通学した。途中の田んぼには、爆弾の跡の直径十メートルぐらいの穴がまだあちこちに残っていたが、冬には雪のかかった御嶽山や伊吹山の山並みを見ながら速歩を競い、帰りには少し遠回りして、馬見塚《まみづか》の畑で土器片を探しては帰宅した。

コラム

## 新制中学校開設の苦労

敗戦による変化のひとつは「天皇崇拝」の否定で、これは天皇自身が「自分は神ではなく人間である」と宣言する形で転換がはかられた。教育面でも、占領軍による「修身と歴史教育の中止」を経て、「神話と史実の混同」から「考古学的成果と文献に基づく歴史」への見直しがはかられた。制度的には、一九四六年三月の二チームのアメリカ教育使節団調査報告に基づいて、占領軍の方針で一九四七年度から突然のように実施された新学制への移行が大きな転換であった。従来の「六年制＋α」（αは高等科、青年学校）から六・三制への義務教育期間の延長がおこなわれ、新制度による三年間の義務教育機関を開設することが指示されたのである。当時は占領軍の指示は絶対命令であったので、従うほかはなかった。

当時、一宮市長を務められていた伊藤一氏が、自著『市長おぼえ書き』〔参9〕に「命がけの六三制」という見出しを立てられているが、それほど困難を極めた事業であった。困難の要因は、用地確保、建設資金の捻出、教員確保の三点に加え、半年ほどの間に目処をつけなければならない時間の制約も厳しかった。加えて、全焼した第一・第二・第五・葉栗・西成各国民学校の校舎再建や、その他の被災校の修復も急ぐ必要があった。

用地問題と併せて大きな問題は、教員の配置であった。これは、県として、旧制中学校の教員を、残留・新制中学校へ移動・他校へ異動と三分して、新制中学校の骨格となる教員組織をつくった。資金に関しては、話が複雑になるので省略する（本コラムは『市長おぼえ書き』〔参9〕を参照した）。

コラム

## 南部中学校の浅野移転と新聞部の創設

筆者が南部中学校へ入学した一九四八年四月には、その前年から一年先輩がいた。同年の一学期の終わりまでは、一、二年生とも第四小学校の教室を間借りしていて、両学年で午前と午後を使い分ける二部制授業をしており、クラブ活動などをする条件はなかった。同年九月上旬に浅野へ移転して、ようやく「自分たちの学校」に入ることができた。

体を動かしたい盛りの年齢であったので、まもなく相次いで運動系のクラブ活動が始まり、筆者もバレーボール部へ入部したが、スポーツ以外のクラブがあったかどうかははっきりしない。少なくとも「新聞部」はなかったので、創設を提案し、生徒会所属だったと思うがすぐに認められて、『南中新聞』を創刊した。教室は廊下に割れ目があるような粗末さであったが、小学校間借り時代とは違う活気があった。学校制度自体がまだ手探り状態であったし、「生徒の自主性を生かす」気風があり、クラブ活動も伸び伸びしていた。

新聞部は生徒会から選ばれた五、六人で構成され、タブロイド版で二ページか四ページの新聞を年数回、不定期に発行した。印刷は「一宮タイムズ」を印刷していたカツジ社へ頼み、編集技術は同社の経営者であった松本勝二氏（一宮のエピソードを多数記録した『公木萬記』〔参16〕の著者）から手ほどきを受けた。

三年生の時（一九五〇年）、名古屋市の東山公園で「こども天国名古屋博覧会」という催しがあり、そこで、中日新聞社が各市から推薦された中学三年生と小学六年生による数人のチームで三日間ずつ、会場内で来場者に配布する新聞をつくる企画があった。これもどういう経過でそうなったのか記憶がないが、一宮市から南部中学校、起町（のち尾西市、現一宮市）から小学六年生が選ばれて参加し、中日新聞現役記者の指導を受けながら新聞づくりを経験した。

# 第九章

# 戦後の一宮罹災地

# 一宮の罹災状況

## 記録に見る一宮の空襲被害

一宮市の空襲被害は、二回の罹災分を合わせて、当時の全市戸数一万二千六百戸の八三パーセントにあたる一万四百六十八戸が焼失した。罹災者は全市人口五万七千五百八十八人の七一パーセントにあたる四万千二十七人、うち死者七百二十七人（注1）、負傷者（注2）四千百八十七人、罹災面積は市街地面積約四・九六平方キロメートルの八〇パーセントにあたる四・〇七平方キロメートルとされている（数値は一宮市のホームページ発表数による）。

それによって、市内の公的施設のうち消防署、警察署、中部配電、税務署、商工会議所、省線（現ＪＲ）尾張一ノ宮駅、前述した各学校などが焼失し、真清田神社や多くの社寺なども罹災した。

（注1）〔参14〕資料「昭和23年5月現在 被害総数」一宮市欄には、次のように記録されている。

空襲で焼失した戦前の尾張一ノ宮駅
（一宮市立中央図書館蔵）

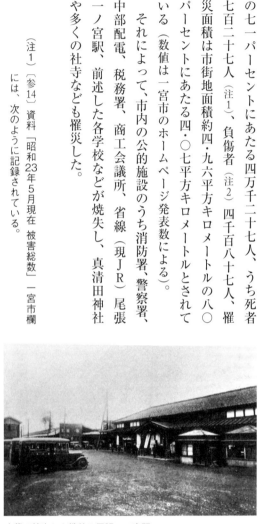

「銃後人口被害総数　１５３６人、死亡　５７２人、重傷　１８９人、軽傷　７５７人、行方不明18人。」（注２）〔参２〕〔参14〕ではこの数値は「重傷者」と記録されている。

なお、『平和の祈り　一般戦災慰霊の記録』〔参14〕の「都道府県別被害データ」には、一宮の空襲として戦後一宮市と合併した「浅井町」「萩原町西御堂」「北今地区」を含めて五回分が記録されているが、下の表には当時の一宮市域分だけ収録した。

**米軍記録に見る七月十三日の攻撃**

一宮を空襲した側の米軍の記録『米軍資料　日本空襲の全容　マリアナ基地　B29部隊』〔参６〕によると、一宮の最初の空襲は次のように記録されている（要点のみ抄出）。

一宮の空襲被害（『平和の祈り　一般戦災慰霊の記録』より）

| | 来襲機の種別及び機数 | 主な被災地域 | 被害の状況 | 焼失家屋の戸数 | 焼失面積 | 死傷者数 | うち死者 |
|---|---|---|---|---|---|---|---|
| 1945.<br>7.12～13 | B29<br>約20-50機 | 今伊勢・葉栗・西成地区 | 戦意と戦力の両方を打ち砕くため、軍需工場がある市街地を狙った、狙いが外れ、郊外地域に焼夷弾を投下 | 919戸 | 不明 | 257人 | 30人 |
| 1945.<br>7.28～29 | B29<br>約260機 | 旧一宮市内中心地 | 1945.7.12の空襲と同様の狙いで市街地に油脂焼夷弾を投下。真清田神社、国鉄尾張一宮駅、川崎航空機工業、日本毛織一宮工場など焼失 | 10,467戸 | 不明 | 1,370人 | 654人 |

「作戦任務第264号」一九四五年七月十二、十三日
目標：一宮市街
出撃機数：第一目標百三十機・臨機目標（注）二機（第73航空団）
爆弾の型と信管：AN-M47A2　百ポンド焼夷弾　瞬発弾頭
投下爆弾トン数：第一目標七七二トン・臨機目標一二・六トン

これだけの規模の大編隊が「7月13日　0時45分〜2時45分」の間に目的地の上空に到着し、「損失機なし」で全機帰還した（うち三機は硫黄島基地に不時着）。

爆弾を投下するB29。並進する僚機からの撮影

この攻撃の結果は、後日、偵察飛行で上空から写真撮影され、その結果が次のように報告されている。この時の爆撃では「10機の搭乗員が目標を視認（したが）他のB29は視認できず」「市街地の8%相当を破壊。市の北部と北西部にある織物工場がいくらかの損害を受けた」。

つまり、大部分の飛行機は雲で地上がよく見えなかったので、目標と思われるあたりに適当に爆弾や焼夷弾を投下してきた、というわけであった。

ついでながら、この出撃中に受けた日本側からの反撃については、「遭遇した対空砲火は重砲、中口径、皆無ないし貧弱、不正確。敵機（筆者注、日本軍機）12機視認、攻撃回数なし」として、ほぼ危険を感じずに任務を終えたことが報告され、最後には「平均燃料残量873ガロン（3、305リットル）」と、燃料にも余裕をもって帰還したことが記載されている。

（注）「臨機目標」は、爆撃本隊に同行するが、攻撃目標は自由に選択できる任務の爆撃機を指す。

## 米軍記録に見る七月二十八～二十九日の攻撃

その結果、七月二十八～二十九日の深夜に、いわば「やり直し空襲」がおこなわれた。米軍の「作戦任務第299号」によると、前回と同じ第73航空団がその任にあたった。出撃機数は第一目標百二十二機、臨機目標二機、爆弾の型と信管は「E46 五百ポンド集束焼夷弾瞬発弾頭」と、前回よりも大型の焼夷弾（一発ごとのサイズはほとんど変わらないが、まとめて投下し、目標上空五千フィート（約千五百二十五メートル）で結束が外れるようにセットしたタイプ）を第一目標用に八六八・八トン、臨機目標用に一六・七トン積載した。この編隊が、「7月28日 22時56分～29日0時48分」の間に一宮市街の上空に到着し、高度一万三千五百～一万六千七百フィート（四千百十五～五千九十メートル）の高さから爆撃した。170ページに記載した「線香花火のように見えた」のは、上空千五百メートルほどの高さで、焼夷弾の結束が外れ、それぞれの弾尾（上部）に付けられた落下方向安定用のリボンに火がついて落下していく情景を見ていたものであった。

今回も「損失機なし」で全機帰還した（うち七機が硫黄島基地に不時着）。

引き続き米軍側資料によると、この日の一宮市上空は、最初は晴天であったが途中から雲が出て、終わりのころは半分ほど雲に覆われたようである。そうした事情もあってか、二十六機は目視しながら投弾したが、九十六機はレーダーを頼りに投弾したと報告されている。それでも「爆撃直後の写真によると、市の中心部に多数の大火災が発生」していたことが確認された。その間の日本軍からの反撃については、「敵機（筆者注、日本軍機）19機視認、攻撃回数14、4機のB29が損傷（筆者注、墜落はしなかった）」。「平均燃料残量７５８ガロン（２，８６９リットル）」「敵機に与えた損傷の申告なし。対空砲火は重砲、貧弱、不正確、弾幕と追随射撃。サーチライト約20基視認」とされている。後日の偵察飛行報告はない。

同じ晩に、三重県津市、同宇治山田市（現伊勢市）、岐阜県大垣市、青森県青森市なども爆撃された〔参6〕。このときの空襲は、三日

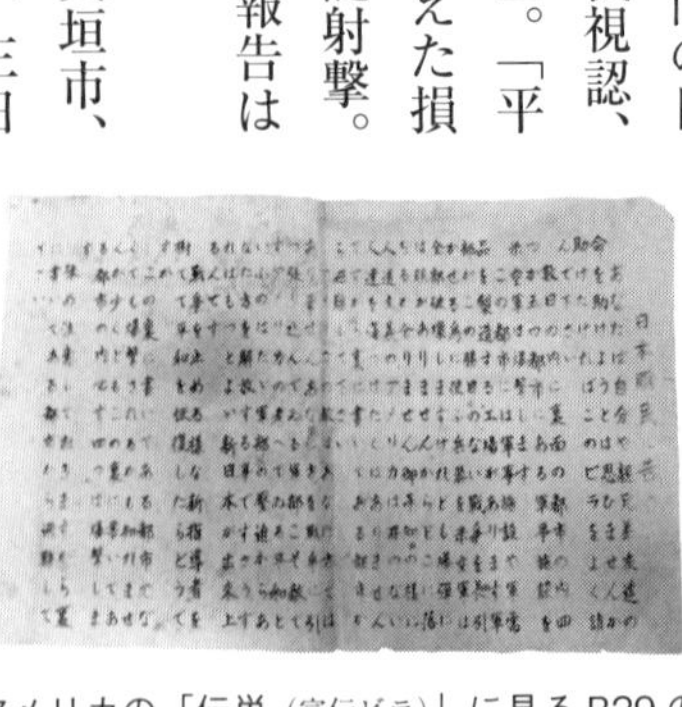
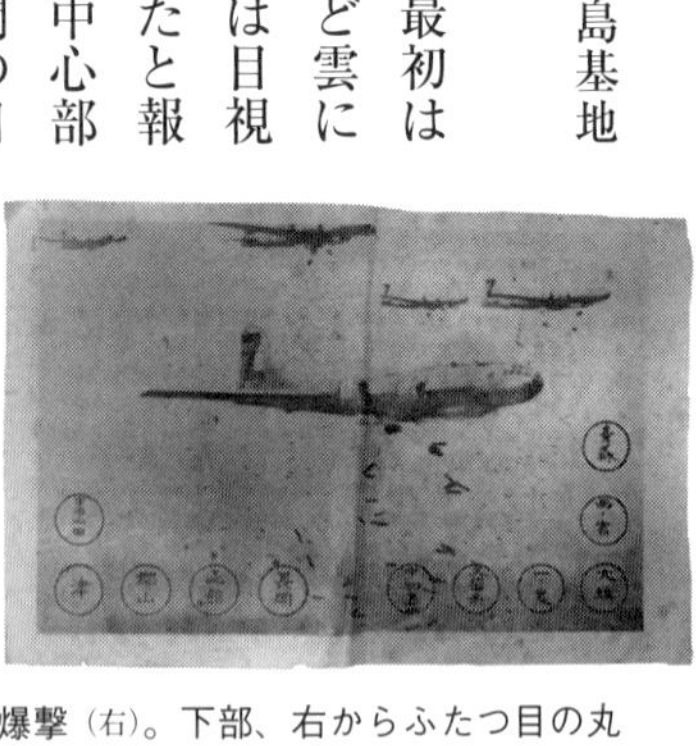

アメリカの「伝単（宣伝ビラ）」に見るB29の爆撃（右）。下部、右からふたつ目の丸の中に「一ノ宮」の文字が見える。左は裏面の縦書き爆撃予告
（一宮市博物館蔵）

ほど前に前ページ下写真のような「伝単」（米軍が撒布した宣伝ビラ）によって予告されていた。その文面は写真のようなものであった。ちょっと見にくいが、縦書きである。ただし、当時は伝単を拾うことも読むことも、ましてや他言することは厳禁されていたので、一般の人の目に触れる機会はほとんどなかった。

## 商業活動の再開と「買い出し」「闇市」

### 「買い出し部隊」の出現

この空襲によって、一宮市街地の機能はほぼ壊滅し、物資購入のルートも場所も一時消滅した。加えて、このころになると空襲被害は全国に及び、物資流通に関してみると、必要な物資自体が入荷しないので、国や県レベルの配給機能もほぼ崩壊していた。そのため、被災をまぬがれた地域でも深刻な物資不足に陥った。とりわけ日々欠かせない食料品に関しては、被災した直後から困る家が少なくなかった。

近親者に、食糧生産に携わっていた農家がいる家では、保有米の余剰分が入手しやすいなど多少ましであったかもしれないが、そうしたつながりのない家では、戦災以前から食糧の入手を求めて農村部へ買い出しに出かけることが必要になっていた。

戦災前、買い出しに出かけられる人は多くが男性であったが、一九四四年ごろになるとまともに働ける男性は大半が軍隊か工場へ出て不在であった。徴兵されている人は当然そうした自由はないので、工場従事者が非番（交代勤務の非出勤日。本来は次の夜勤に備えて休養するべき日）を利用して出かけたケースが多かった。気安く頼める人が見つからない家では主婦自身が買い出しに出かけることもあったが、子育てや家事があるとそれも容易ではなく、買い出しに出かけるのは男性主力にならざるを得なかった。

買い出しに出かける人の多くは単独か少人数のグループであったが、こうした人が集中する早朝や、午後から夕方へかけての列車内は、「国民服」を着用し、大型のリュックサックを背負い、さらに大型の頭陀袋をかけている人たちが多く乗車しており、一見すると軍人の集団を連想させた。そのため、いつしかこうした人たちは「買い出し部隊」と呼ばれるようになり、そうした人がたくさん乗車している列車は「買い出し列車」と呼ばれるようになった。「買い出し」行動は、戦後はさらに激しくなり、それに対する警察の取り締まりも激しくなるが、そうした取り締まりについては、後述する（254〜255ページ）。

## 食糧難と闇市の営業

戦時中は米の配給量が減らされたうえ、一九四三年十二月からはトウモロコシの挽き割りを混ぜられるようになり、野菜の配給量が一日一人四十匁《もんめ》（百五十グラム）、名古屋市など大都市は五匁（一八・七五グラム）に制限されるなど、配給だけで生活することはほぼ不可能であった。それでも一宮は農村に囲まれ、当時「代用食」と呼ばれたサツマイモ、馬鈴薯、カボチャなど、統制品ではない農産物が比較的入手しやすく、一九四四年ごろまでは、値段に目をつぶって努力すれば、何とか入手できた。

しかし、戦災によってそうした供給・消費のバランスや配給の仕組みが実質的に崩れ、さらに終戦後は悪性インフレに見舞われた。特に食料品や生活必需品は一九四五年後半の半年ほどは配給（公定価格販売）が形骸化し、公定価格（通称マルコウ、公）の数倍から十数倍の

真清田神社境内に出現した露店街、1946 年撮影。平日は三八の市日よりは少なかったが、雨天でなければ連日かなりの数の露店が出店した（いずれも一宮市立中央図書館蔵）

「闇値《やみね》」で売買される「闇取引」が横行した。

真清田神社の境内と、伝馬通り（尾張一ノ宮駅と東一宮駅を結ぶ通り）の西半分（尾張一ノ宮駅から本町通りまでの間）から駅前広場一帯にはそれぞれ百店舗以上の露店が並び、値段は高かったが普通では入手できないような食べ物や生活物資が売られるようになった。いわゆる「闇市《やみいち》」であるが、闇値かどうかは、普通は㊄価格との比較である。したがって、もともと統制外の製品や農産物には、厳密には闇値は存在しないはずであるが、当時は、生活感覚でいえば何もかも著しく高価であったため、まとめて「闇値」と呼ばれていた。

前ページの写真は一九四六年の真清田神社境内の市《いち》の風景である。神社境内は、焼け残った石鳥居を挟んで上本町までの間が一種の広場なので、写真では一見雑然とした景観であるが、実際はいくつかの区画に区切られて店が並んでいる。戦前から、盛り場の一角や祭りなどの際の臨時の露店の場所割を取り仕切っていた「香具師《やし》」と呼ばれた人たちが、場所代と引き換えに出店場所の差配やもめごとの仲裁をおこなっていた。伝馬通りの方は、両駅間を結ぶ車道北側の歩道上に、ほぼ一列に露店が並ぶスタイルであった。いずれも当初は地面に筵《むしろ》を敷いたり、簡単な台を置く形であったが、まもなくシーツなどで覆いをかける仮設店舗が増えた。神社境内は、三八市の伝統を引き継いで繊維製品などの店が多かったし、伝馬通りの方は半分以上が食べもの屋であった。筆者が一度だけ父に買ってもらった記憶では、現在七十円から百円で売られているコッペパンが、配給だと一個一円で買えるのに十円で、子ども心に再びねだれる価格ではなかった。

**主食の配給は復活したが……**

一九四五年の年末近くになって米穀の配給が再開され始めた。配給品は一回に一品種だけが売られ、米の代わりにキューバ糖（薄茶色のザラメのような砂糖）、サツマイモ、小麦のふすま（表皮）、大豆の搾油粕などが販売された。これらも「米穀通帳」に記載され、規定配給量の数分の一が家族人数分売り渡された。翌年ごろから米の配給が復活したが、絶対量が著しく少なかったうえ、押し麦などが混ぜられていた。我が家では、これにイモ類や、サツマイモの葉柄《ようへい》（葉と「ツル」の間の部分。皮を剥いて刻み入れる）、ダイコンなどを混ぜ、さらに水で増量するなど、「嵩《かさ》を増やす」工夫をしながら食べた。たぶん、当時は都市生活者の多くが、これと似た状況だったと想像される。

それでも量は不足するので、農家へ買い出しに出かける家が多かった。このころには現金取引も復活したが、悪性インフレでお金の値打ちが日に日に下がっていくので、引き続き現金は喜ばれず、衣類などとの物々交換が主流であった。

そうした中、一九四七年十月には、裁判官の山口良忠氏が、配給分だけで生活することを貫いた結果、餓死する事件も起きた。死を賭しても法に従える人は少なく、多くの人は空腹に耐えられず闇買いもせざるを得なかった。

## 買い出し列車と取り締まり

戦後まもなく、軍人や民間人で海外に出ていた人たちの帰国が始まると、食糧難はいっそう深刻になった。同時に「働き手」が増えたため、仕事として都市から農業地帯へ買い出しに行く人が増えた。当時の主要な移動手段であった鉄道は、すでに戦時中から混雑していたが、それに前述の「買い出し部隊」の人たちが加わった。ことに帰宅時間になると、それぞれが大型のリュックサックにいっぱいの食料品を背負い、手にも大荷物を提げているため、列車に乗り込むこと自体が困難で、まず窓から荷物を車内に無理やり押し込み、その後から自分も同じ窓からもぐり込む方法で乗車することが常態化していた。列車には買い出し客ではない人たちも乗っていたが、都市と農村を結ぶ鉄道は、前述したように「買い出し列車」の愛称で呼ばれるほどになっていた（下の写真参照）。

農村部で買ってくるのは、ひとことでいえば食料品であるが、都市で喜ばれるのは米や穀物である。そうした食糧の出どころの多くは農家の「保有米」だと考えられていた。それを転売することは法律違反であるが、生産者を敵に回すのはその後行政としてやりにくくなることも予想される

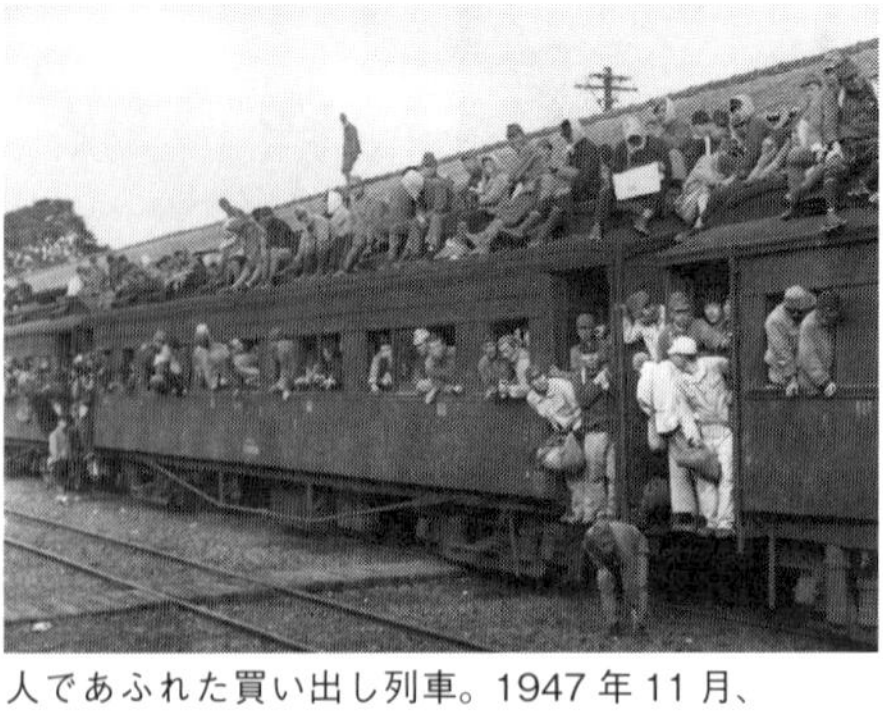

人であふれた買い出し列車。1947 年 11 月、撮影地不明（朝日新聞社提供）

ため、よほど悪辣だとみられなければ見逃された。そのため、取り締まりの対象はもっぱら買ってきた方に向けられ、「買い出し列車」を狙ってしばしば警察が取り締まりに入った。

一度、そうした列車に乗り合わせたことがあったが、走行中の車内は騒然とし、窓からリュックごと外へ放り投げる人や、むりやり他人の座席の下に包みを詰め込む人など、怒号とともに大混乱になった。警察官数人が左右を調べながら人混みをかき分けて筆者の近くへ来たときには、先ほど荷物を始末した人はいなくなり、周囲の人たちも、何か聞かれても「知らない」と返事をして、少なくとも筆者の周辺では物資の没収はできなかった。警官が通り過ぎてしばらくすると車内には再び喧騒が戻り、「お互いさまだもんね」と言い交わすひそやかな声が聞こえた。

なお、そのとき、小柄な筆者は、周囲の人たちから「邪魔だし、危ない」と言われ、網棚の上に押し上げられていた。

## 隠匿物資の摘発

### 闇取引品の出所

こうして、一九四五年後半から一九四八年へかけては「闇物資」が横行した。闇取引は違法であるから、経済警察が設けられて取り締まりもおこなわれたが、前記の山口裁判官のような決意が実行できる人は少ないため、普通のくらしをしている人、特に都市生活者の多くは配給が途絶えれば闇買いが避けられず、取り締まっても一向に効果は上がらなかった。

こうした闇物資の出所は、大別してふたつであった。ひとつはこれまで取り上げてきた農家の保有米である。一軒ごとの保有量は多くなかったが、当時の日本はまだ人口の八割ほどが農家の時代で、それぞれが一年分の穀物を蓄えているので、総量としては膨大な量の米麦が保有されており、その一部を売却するだけでもかなりの量になった。

もうひとつは、「旧軍や軍需工場貯蔵品」であった。戦時中、優先的に配給されていた資材や食糧が敗戦を境に事実上無管理に近い状態になり、入荷していた資材などがそのまま倉庫や工場に残った例が多い。もちろん兵器生産は終了してしまったので、使い道がなくなった資材で民需品をつくったり、希望する先へ売却することもできる結果になった。一宮に多かった織物関係の工場では、民需への転換がとりわけ容易であった。

## 隠匿物資とその摘発

実際にはそのほかに、まだ工場へ送られる前の段階で倉庫などに置かれた原材料も少なくなかった。これも当時の軍関係者や官僚たちがいち早く抑えたはずである。一九四六年ごろになると、そのことを知った人たちが「不公正」を問題にし始めた。こうした資材や食糧は「隠匿《いんとく》物資」とか「隠退蔵《いんたいぞう》物資」と呼ばれ、一時その摘発運動なども起きた。公園通りの真《ま》清公園（戦後、法務局に替わった）にあった市の公会堂などで、「市民大会」と呼ばれる糾弾大会なども開かれて聞きに行ったが、その結果がどうなったのかは判然としないままいつしか立ち消えた。

全国的には、戦時中に「ぜいたく品」として回収した宝石類などもあったはずであり、こうした資産や資材がどうなったのか、今なお判然としないままである。

## 食糧品などの手づくり

### 戦後もあらためて配給制

当初は戦争遂行のために始めた配給制度は、戦争が終わってもいっそうひどくなった食料品・物資不足のため、部分的に手直しして戦後も再構築された。例えば米などは、日常生活維持のために配給制度が続けられたが、飲食店でも米不足のため、普通の食堂では米を持参しないと提供されなかった。うどんなど麺類を食べるにも、正規のうどん屋では「めん券」という右下の写真のようなチケットを渡さないと売ってもらえなかった。「めん券」があっても代

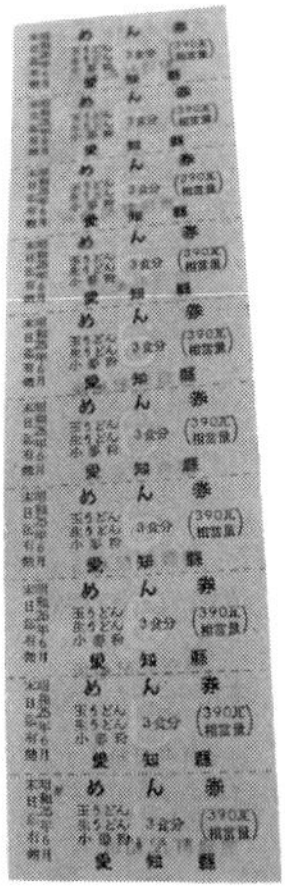

「めん券」（一宮市博物館蔵）

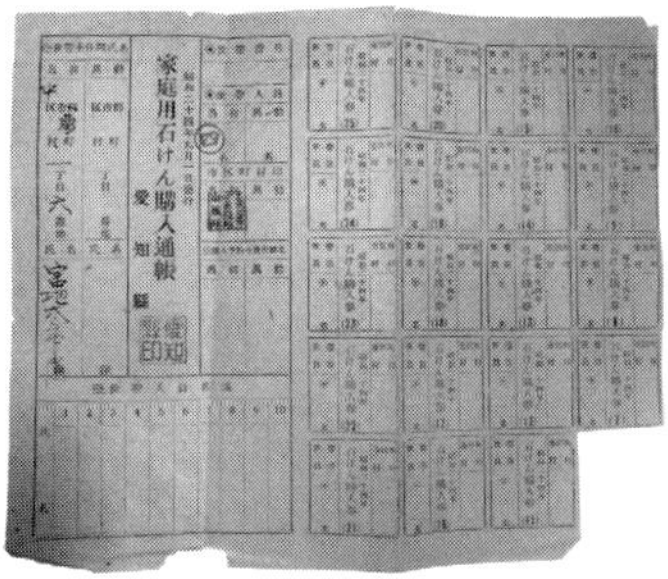

「家庭用石けん購入通帳」（一宮市博物館蔵）

金は有料であるが、(公)価格で食べることができた。モグリで、闇値で提供する店もあったが、こうした店はいつ取り締まられるかわからないし、一度違反が露見すると「配給所」の資格を剥奪されるため、正規の店では危なくて闇値で売ることはできなかった。そのため、(公)の店と闇値の店とはほぼ別の営業形態であったといえる。

石鹸なども品不足で、前ページ左下の写真のような「家庭用石けん購入通帳」が配布され、一回分ずつ切り取られて、購入量が制限された。

### イナゴ獲り

空襲の心配がなくなると、疎開していた子どもたちが戻り、町内の子ども連れが増えた。数カ月間田舎へ行っていた子たちが覚えてきた新しい「遊び兼手伝い」に、イナゴ獲りがあった。もぞもぞと動く布袋にいっぱいのイナゴは油炒《いた》めにして食べるのだということで、さっそく同行させてもらうことにした。行った先は第三国民学校（現神山小学校）区域の野口町から毛受《めんじょ》へかけてのあたりであった。野口町辺りは今はすっかり住宅街になっているが、当時はまだ田んぼが多かった。

獲りに行く道具は、日本手ぬぐいをふたつ折りにして、長い二辺をそれぞれ縫い合わせた袋をつくり、開いた口に、太さ二・五～三センチメートル、長さ十センチメートルほどの竹筒を差し込んで強く縛《しば》った収穫物容器だけである。イナゴは稲穂を食べる害虫と考えられていたので、田んぼに入っても叱られなかった。今はさまざまな農薬が散布されているので、健康上もうっかり立ち入れないが、当時はまだ農薬はほとんどなかったので、あちこちの子どもたちが立ち入っていた。イナゴは手掴《づか》み、捕らえたイナゴはこの竹筒から投入するともう出られない。慣れた子は、一時間ほどで用意した二個目の袋もいっぱいにして、帰路についた。

捕らえたイナゴは、食べにくい脚をむしって胴だけにして油で炒め、最後に醤油で味付けしてもう一炒めすればできあがりである。これは一種の佃煮であるから、二、三日は夕餉《ゆうげ》の一品になった。

筆者自身は、イナゴを手掴みした後、手の中で動く感触になじめず、収穫も少なかったので数回同行しただけであったが、当時は魚釣りと並んで、子どもができる蛋白源調達の大事な仕事でもあった。

## 最初の甘味・水飴の登場

戦後、とりわけ戦災を受けた市街地では何もかも不足していたが、子どもにとっては空腹と甘味への飢えがひどかった。そうした中でいち早く登場したのが「水飴」であった。戦災・終戦後まもなくサツマイモの収穫期を迎えた。サツマイモは米麦ほどには強く管理されず、農家が自由販売できる余地が大きかった。しかも農村部の被災は限定的であったため、サツマイモが売られ、それを原料にした水飴がまず製造され始めた。次いで、それを加工した飴玉類や、砂糖代わりに水飴で味付けした飲料水類が出回るようになった。これらは、いち早く露店などで売られた。

戦後の一時期は、技術進歩が十年ほど逆戻りしたような昭和初期の家内工業的設備が復活し、手づくりの飴のほか、手焼きせんべい、今川焼き（現在の大判焼《おおばんやき》の小型のもの）、ミカン水、ラムネ、アイスキャンデーなどが一斉に売り出された。中でもアイスキャンデーは、外地から引き揚げてきた人などに売らせる仕組みがつくられて、自転車の荷台に小型の冷蔵箱を乗せた「アイスキャンデー屋さん」があちこち回って街頭で販売した。

### 自家製パン焼き器

戦後は米軍の放出物資（注）として、米の代わりに小麦粉が比較的頻繁に配給されるようになり、その加工品の手づくりも盛んになった。それとともに自家製のパン焼き器などもつくられるようになった。構造は、十センチメートル×二十センチメートル×深さ十センチメートルほどの木箱の内側に銅板を張り付けて、これに通電できるようにした簡単な器具で、硬めに練った小麦粉にイースト菌を混ぜて半日ほど寝かせたパン生地を、三分の一ほど入れて通電させておけば一時間ほどで焼き上がる。こうしたパン焼き器は商品としても売られていたが、筆者の家や近所ではいずれも自家製であった。

ただ、当時はパンだけでは満腹できないし、家族の必要分つくるには手間がかかりすぎるため、子どものやや贅沢なおやつとしてつくられた感じであった。一九四六〜四七年になると、自家農園で獲れたイチゴで自家製のジャムをつくって、パンと一緒に食べた記憶もある。

（注）米軍（連合軍と称していた）が戦争遂行の必要からアジア一帯の兵站《へいたん》基地に蓄えていた食料品が不要になり、長期保存できない食品材料などを日本に払い下げた。日本ではこれを「米軍放出物資」と呼んでいた。

## 巻きタバコも自製

タバコ好きには、当時の主流であった「巻きタバコ」が切らせなかった。タバコについては、コラム「貴重だったタバコ」（179〜180ページ）でも述べたが、もちろん配給制で、一九四五年五月には一人一日五本に減らされていた。

戦後はその配給すら乱れて、販売日・販売量ともにあてにならなくなった。タバコ工場自体も戦災を受けて生産できなくなったが、当時は成人男性の半分以上が煙草を吸っていたと推定される状況であったし、配給が受けられなかった女性にも愛煙家が少なからずいた。そのため、タバコの供給自体は止めることができず、戦後間もなく、タバコの刻み葉と巻紙のセットや刻み葉だけが配給されるようになった。タバコ好きの人たちは薄い巻紙に刻んだ煙草葉を乗せて器用に手巻きしたが、そのうちにこれを紙巻きタバコにする「タバコ手巻き器具」が販売されるようになった。構造が簡単なのでこの器具を手づくりする人も珍しくなかった。筆者の父も自製器具で巻いていた。タバコ自体は政府の専売品で、農家が生産するタバコ葉は専売局が厳しく管理していたが、販売後の加工はとがめられなかった。タバコの薄い巻紙も供給されたが、割合高価であり、外国語の辞書などが転用された。巻き止めは紙の端を唾などで湿らせるだけで貼りついた（注1）。

戦前もっとも普及していた両切りタバコは「ゴールデンバット」であった。戦時中に敵性語排除の流れの中で生産が中止され、代わって「金鵄《きんし》」が発売された。「金鵄」の由来は、本書の44〜45ページでも触れた神武天皇即位神話に基づく名称である。戦後もしばらくは金鵄が主流であった。一九四六年一月に専売局から「ピース（十本箱入と五十本缶入り）」が発売された（注2）。金鵄に比べると格段に高価ではあったが、比較的潤沢に販売されたため急速に普及した。したがって、タバコの手巻き時代は短期間で終わった（注3）。

（注1）筆者は喫煙しないので、「タバコの手巻き」は戦後のあだ花であったと考えていたが、今回念のために調べたところ、インターネット市場で各種の既製品（品名「手巻きタバコローラー」「タバコ手巻き器」など）が五百〜六百円で販売されていることを知った。構造的には、終戦直後に手づくりされたものとほとんど同じである。近年、こうした各種の「タバコの手巻き」用品が販売されるようになった背景としては、主要各国でタバコ（完成品）が大幅に値上げされたことにより、タバコの部品である刻み葉と紙が完成品よりも安価に入手できるため、自分でブレンドして好みの味にしたり、巻き煙

草を自製する人が増えているようすである。そうした一人である筆者の知人によると、「慣れれば簡単に手だけで巻ける。初心者もいるので手巻き器が売れている」という見立てである。インターネットによると「手巻きセット」なども売られ、フィルターなども簡単に入手できるようである。

（注2）「ピース」の象徴的デザインである鳩がオリーブの小枝をくわえた図柄は、聖書の「ノアの方舟《はこぶね》」の挿話《エピソード》から採られたものである。このデザインは、アメリカの大衆煙草「ラッキーストライク」をデザインしたレイモンド・ローウィ氏に依頼された。支払われたデザイン料は、当時の日本としては驚異的な大金であった百五十万円で、それ自体が話題になった。

（注3）「金鵄」に続く大衆煙草については、一九四六年六月に専売公社発足を記念して「新生（しんせい）」が発売された。当初は金鵄から新生へ移行した人も多かったが、「ピース」が発売されるとしだいにピースが主流になっていった。余談ながら、「金鵄」から「ピース」への変化は、「金鵄＝神武天皇以来の天皇制（の象徴）」から「ピース＝平和」へという、戦前・戦後の違いを象徴するような変化でもあった。

## インフレと新円切替

戦後の生活で、罹災者かどうかに関わりなく大問題だったのは悪性インフレーション（以下インフレ）であった。特に罹災地では配給も途絶えて、㊣価格で買える商品はごく限られるようになり、物々交換か農家や販売者の言い値で買わざるを得ない状況に陥った。戦時中は配給品価格と市販価格との二重価格になっていたため物価変動を掴みにくいが、市販価格はおもに「闇値《やみね》」という形で実質的に高騰していた。それが戦後になると、引き続き物価統制は続いたが急速に有名無実になり、小売り物価は暴騰した。異常に物価が高騰するインフレの中でも、格別上り幅が大きい「ハイパーインフレ」であった。

当時は、月給制の人たちはまだ少なかったが、日に日に物価が上がるため、その人たちは月の中頃には収入を使い果たしてしまう事態に陥った。商売をしていても、一定の利を乗せて売ったはずが、次の仕入れでは売った値段以上の価格で仕入れなければならないことが頻発し、経営が極めて難しくなった。そこで、多くの家ではやむを得ず貯金を取り崩してその場をしのいだため、銀行預金がみるみる引き出された。加えて、値上がりする前に「物」に替えておこうとする人たちが増え、銀行によっては取り付け騒ぎのような事態が起きたこともあった。庶民の多くはそれほど多額の預金をしているわけではなかったし、空襲被災者は生活用品まで失ったところでこの事態を迎えたため、家財を処分して生活費に充てる「売り食い」もできず、盗難やかっぱらい（強奪、持ち逃げ）が増えた。

そうした事態に対して、占領軍とその指示で動く日本政府は、インフレを沈静化するため通貨を切り替える方法を採用した。一九四六年二月十六日に「金融緊急措置令」を発し、翌十七日から預金を封鎖して、同年三月三日から旧円を廃止することにした。さらに、大口の交換を防ぐため、一世帯が引き出せる額を「月五百円以内」に制限し、公平を期した。当時の一宮の暮らしでいえば、インフレが収まれば五百円あれば普通の暮らしは成り立つ額であったが、当時は掛け売り（月末にまとめて支払いを受ける）が多かったため、商売をしていると月額五百円ではやりくりができず困った。結局その分は問屋さんに支払いを待ってもらって切り抜けたようであるが、直接職人さんから買い付ける分は現金が必要で、親は資金繰りに苦労していた。

政府は、こうして新紙幣（新円）に切り替えたが、大量の紙幣の印刷が間に合わず、これまで使っていたお札（旧円）に下の写真の右端に貼られているような一・五センチメートル×二センチメートルほどの「証紙」を貼って、新円代わりに通用させた。証紙はお札の額面に合わせて色分けした数種類が用意され、それぞれの証紙に印刷された金額に合わせてお札に貼り付けた。こうした措置によって、間もなく悪性のインフレは沈静化した。

なお、硬貨はそのまま使われた。

証紙付旧100円札（右上のラベルが新円代わりの「証紙」）

## 繊維工場の復活と「ガチャ万」時代

### つくれば売れる時代

戦前、一宮の市街地やその周辺に多かった織物関連工場や繊維問屋は、戦時中にその多くが金属加工工場や工場労働者などに転業したことはすでに述べた。それらの中には、政府の勧めに従って設備を処分した家も少なくなかったが、工場をそのまま閉めただけとか、旧設備類を片隅へ寄せて新設備を入れた工場も少なくなかった。そうした以前の生産設備を残していた家では、終戦とともに軍需工場から解雇されて自宅に戻った後は、原材料だけあればすぐにでも生産を再開できた。

しかも、戦時中・戦後を通じて衣料品の購入は不自由になり、さらに食料品と交換するなどして、いっそう不足した人が多く、膨大な需要があった。需給関係が崩れているので価格も上がり、つくれば高値で売れることは誰の目にも明らかであった。そのため、糸が少々高くても織れば儲かるわけで、繊維関係者の間では、戦後まもなくから、急いで生産を再開する動きが出はじめた。201ページに掲載した一九四六年の市役所から西方を見た写真で、かなり大きい規模の本建築の家屋も建設され始めているのは、そうした事情も反映している。

こうした条件は、特に一宮に限ったことではなく、全国の産地がほぼ同じであったはずであるが、一宮とその周辺では繊維関係の工場の動きが格別早く、まだ焼け跡が残っている時期からいち早く生産活動が再開され始めた。それが一段落したころに朝鮮戦争が起きた。

## 朝鮮戦争特需

第二次大戦終結まで日本領としていた朝鮮半島は、終戦前後に北緯三八度線を境にアメリカとソ連に分割統治され、一九四八年に南は大韓民国、北は朝鮮民主主義人民共和国として独立した。その後、一九五〇年六月に北朝鮮軍が突如南進を始め、釜山近くまで迫った。それを米軍が押し返すと、今度は中国が北朝鮮を支援し、南北に分かれて争う戦争に発展した。戦線膠着の末、一九五三年七月、北緯三八度線を境に「休戦」して、今日に至っている。

その一九五〇年から五三年までの攻防を「朝鮮戦争」と呼んでいるが、当時日本は米軍（名目は連合軍）の占領下にあり、朝鮮戦争を支える米軍の兵站《へいたん》基地（戦闘地域後方の、軍の諸活動や兵器・食料・生活物資などの支援関係施設）としてフル活用された。日本のおもな役割は、兵士らの生活用品の調達、破損兵器の修理、傷病兵の看護・治療、兵士の休養などであった。

その必要から米軍の日本占領政策も一変し、財閥解体も緩和して日本の生産再開を急がせ、生産に必要な原材料も豊富に供給された。こうしてにわかに舞い込んだ各種の受注は「朝鮮戦争特需」と呼ばれ、全国いたるところで起きたが、中でも一宮にかかわりが深かったのは生活用品と兵器としての織物（落下傘用布など）関係の調達で、資材は原則として米軍が支給した。そのため、機械を動かせば仕事がある状況になり、「三ちゃん工場《こうば》」と呼ばれた「父ちゃん、母ちゃん、おばちゃん（おもに親戚の女性）」で維持される家族経営の小工場まで急速に復活した。

戦災後の復興特需が一段落し始めていたところへ朝鮮戦争特需が舞い込み、繊維関係者にとどまらず、尾西地域の経済そのものを再発展させはじめた。

## ガチャ万景気

一九五〇年ごろからの数年間、おもに繊維産地では「ガチャ万景気」と呼ばれる好景気に沸いた。「（織機を）ガチャッと動かせば万札が生まれる」という意味で使われた呼び名であったが、あながち誇張ばかりとはいえず、中堅規模の工場では「お札が行李《こうり》に入りきらなかった」などという逸話が残るほどであった。しかしこうした異常な好景気は長くは続かず、一九五三年に朝鮮戦争が休戦すると戦争景気は一気に消滅し、経営体質が弱かった企業の倒産が続出する結果になった。

特に、この期間にナイロンやビニロン、レーヨンなど新しい合成繊維系の長繊維素材が普及し、相対的に割高な天然素材需要が後退した。そうした素材革命も業界再編成を促した。

朝鮮特需は、日本を戦争支援に協力させるために、それまでの占領政策を大転換させて、一方では一九五〇（昭和二十五）年に「警察予備隊」と名付けた事実上の軍隊を復活させるような遺産も残したが、経済的には多くの「占領地の呪縛」を緩和させ、日本の産業や経済を復興軌道に乗せた。

一九四七（昭和二十二）年から発刊され始めた経済企画庁の『年次経済報告書（通称『経済白書』）』の一九五六（昭和三十一）年版は、そうした変化を「もはや戦後ではない」と表現した。実際には、当時の日本経済の現場、特に中小企業では多くの企業が戦前レベルに回復していたわけではないし、一宮でも、繊維関係以外の罹災者や、外地からの引揚者のくらしや商売まですぐに復旧したわけではなく、当時の庶民感覚とはかなり離れた表現であった。

## 軍需工場のその後

戦時中から戦後へかけての繊維関係工場の動きを見ると、例えば日本最大の織物仕上げ工場であった艶金興業では、戦時中、当時はまだ一宮市内ではなかった奥町にあった工場が、大手自転車メーカーで、各種飛行機の脚部なども生産していた岡本工業（144～145ページのコラム参照）に買収された。艶金としては不本意であったようであるが、逆らえなかった。場所は、現在の奥中学校の南、尾西線までの一区画で、現在は住宅地になっている。

戦後、艶金は再三にわたってGHQ（連合国軍総司令部）などに訴えて一九四八年初めに指定解除を受けられる見通しが立ち、岡本工業からの工場買い戻しの話も始められた。ところが、その直後、同年二月八日に岡本工業が、二月二十二日には艶金自体が「過度経済力集中排除法」の指定を受けてしまった。いわゆる財閥解体である（艶金の指定は二カ月後に解除された）。艶金としては、戦時中に売却を余儀なくされた奥町工場の買い戻しに動いたが、その後、岡本工業は経営不振に陥り、艶金が所有していた一宮（奥町）工場を含めて、資産が銀行管理に移行していた。艶金は、最終的には奥町工場を取り戻したが、それにはかなり後の一九五六年四月七日（仮調印）までかかった。（この項、『墨敏夫 知と技の軌跡100年』〔参50〕による）

## 新憲法と一宮市平和都市宣言

### 新憲法公布

敗戦から朝鮮特需までの間に、わが国では「新憲法公布」という大きなできごとがあった。現在の日本国憲法は、大日本帝国憲法（通称「明治憲法」）を全面改訂して、一九四六年十一月三日に公布され、一九四七年五月三日に施行された。翌一九四八年、中学生に『あたらしい憲法のはなし』という解説書が配布され、丁寧な解説がおこなわれた。筆者が中学一年生のできごとであった。

同書で強く印象に残っているのは「戦争放棄」で、空襲罹災体験や、近所の人びとを含めて多くの方が戦地で亡くなられたことや、日本が侵略先でかけた多くの迷惑を考えれば、当然のこととして受け入れた記憶がある。もう少し細かくいえば、本書で解説するまでもなく、

・基本的人権の明示（天皇赤子《せきし》観からの訣別）
・国際平和主義と戦争放棄（侵略主義からの訣別）

『あたらしい憲法のはなし』（ピースあいち蔵）

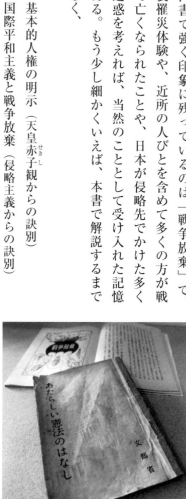

・国民主権（天皇主権からの訣別）

が初めて実現したのである。

『あたらしい憲法のはなし』では、下に掲載するような挿絵を掲げ、「国際平和主義」「民主主義」「主権在民主義」という表現で三大特徴を紹介している。国際的には、あの第二次大戦の苦い経験を反省した「力（戦力）によらない平和主義」が高く評価され、日本人の多くも心から平和の到来とその維持を歓迎した。

『あたらしい憲法のはなし』挿絵「新憲法の三大特徴」

**一宮市平和都市宣言**

そうした「平和」を希求する意思は一宮市民にも強く、市は戦後五十年にあたる一九九五（平成七）年九月二十五日に、次のような「一宮市平和都市宣言」を制定した。

一宮市平和都市宣言

（平成七年九月二十五日　告示第二二一号）

豊かな自然と歴史にはぐくまれたわたしたちのまちは、平和に満ちた思いやりのあるまちづくりをめざして着実な歩みを続けております。

しかし、先の大戦では、2度の空襲によって市街地のほぼ8割を焼失し、数多くのかけがえのない人命を失うという、まことに痛ましい苦難の時代を過ごしました。また、わが国は、世界で初めての核兵器による惨禍を被りました。わたしたちは、こうした戦争の悲惨さと平和の尊さに思いをいたし、それを新しい世代に伝えていかなければなりません。

一宮市は、戦後50年の節目の年にあたり、戦争のない世界、核兵器のない世界の実現、そして、恒久の平和に向けて努力することを決意し、ここに「平和都市」であることを宣言します。

一宮市・大乗公園内の空襲殉難記念碑

さらに同日、市は次のような宣言趣意書を発表し、自治体としての決意を表明した。

平和都市宣言にあたって

本市は、昭和20年7月、2度にわたる大空襲により、市街地の8割ががれきの山と化しました。しかし、戦後の荒廃からたくましく復興を遂げ、尾張西北部の中核都市としてその役割を果たすまでに成長することができました。これも、先人の大変なご苦労・犠牲を礎として築かれたものであることを、私たちは決して忘れてはなりません。

そして、今日の繁栄と平和を未来に向けて確実なものとして伝えなければならない責務があります。

本市は、戦争の悲惨さと平和の尊さを新しい世代に伝えていくこと、そして、恒久の平和に向けて努力することを決意し、平和都市であることを宣言しました。21世紀が魅力に満ちた一宮であるよう私たちは全力を尽くすことをここに堅くお誓いするものであります。

最後に筆者から一言。筆者もこの宣言に全面的に賛成である。とりわけ、戦時下を含む二十五年間を一宮で過ごした旧住民の一人として、「平和を守る」決意を忘れない。

## あとがき

本書は、筆者がふたつの必要性を感じて執筆の機会を求めていた本であった。ひとつは、戦争や戦災の体験者が高齢化し、少数化していくにつれて、「戦争」という行為を単に「攻めるか、攻められるか」「殺すか、殺されるか」に単純化して判断する、戦前と酷似した考え方をする人が増えてきたことである。この考え方からは、おもに「自分はそのどちらに与《くみ》するか」という判断が導きだされやすいが、現実には、賛成しようが反対しようが同じように被害を受ける結果になる。「戦災被害」はそのわかりやすい一例である。本書の主舞台である一宮市を含めて、日本の大部分の地域は、沖縄などのように戦場になったわけではなかったが、鉄砲も撃たず、殺し合いにも参加しなかった子どもまで、戦争被害は受けたわけである。しかもこれは、決して特異な経験ではなく、今も世界各地で繰り返されているし、日本でもそれを肯定する「再軍備論者」が増え始めているように見受けられる。筆者には太平洋戦争へ誘導されていった「戦前」と極めてよく似た動きに見える。それでよいのか？　もう一度「戦争に行かなかったのに戦争の被害を受けた」体験を検証してもらいたい、というのが体験記を残す必要を痛感した理由のひとつであった。

もうひとつは、「戦争」や「空襲」の被害は、直接戦争に参加したり、被災した人だけではなかったことを知ってほしかったことである。筆者は、現役引退後のボランティアのテーマとして「防災活動」を選び、防災士の資格も取得して「地域防災力を強化する」活動に従事している。その関係もあって東日本大震災の直後に約一年間、被災地へ通いつめて現地の方々と接してきたが、そこでは、津波や地盤崩壊に遭った方は、被害地域が広かった岩手・宮城・福島の三県だけ見ても数分の一で、大半の方々は被災されずに済んだ。ところが、震災後、物資輸送が途絶えて食料は枯渇し、ガソリンが手に入らなくなるなどの長く続いた不自由は、被災を免れた人たちにも同じように及んだ。「被災者向け物資」の配給対象にもならないため、被災しなかったのに苦労した方も多かった。戦中・戦後の物資不足、特に働き手と食料の不足が、働き手が出征したか否か、罹災したか否かに関わりなく及んだ経験と、ほぼそっくりであった。

こうしたことから、「空襲の罹災体験」がどういうものであったのか、できるだけ詳しい記録を残すことは、「戦争の愚《おろ》かさ」を知るだけではなく、戦争以外の災害から身を守るにも役立つと考えたのであった。

当時の呼び方でいう「焼け出され組」、マスコミがよく使った「焼け跡育ち」が、実は少数派であったことは、本書を執筆する過程で気づいた。全国的に見れば、面積的には空襲に遭わなかった農村部の方が圧倒的に多いことは明白であるし、被爆地が都市部とその周辺にほぼ限られていたので、「空襲被害」が都市とその周辺に集中した問題であることは想像できたはずであった。今回、改めて、おもに一宮市立中央図書館に収蔵されている第二次大戦期を含む個人記録的な文献を数十冊〔参考文献一覧表参照〕見せていただいたが、空襲体験が記載されているものは、期待したほど多くはなかった。不愉快なことは書き残したくなかったのかもしれないと考えても、筆者たち罹災者が体験したような強烈で異常な体験を、わざわざ生活記録を書籍にされるほどの方たちが揃って回避されたと考えるのは不自然である。

それについて、筆者には思いあたるフシがあった。二〇一二年に本書と同じ人間社から「樹林舎叢書」の一冊として出版してもらった、大学生協東海ブロック教職員委員会が編集〔編集実務は筆者〕した『いまだから伝えたい戦時下のこと 大学教員の戦争体験記』〔参31〕の原稿募集の過程で、かなり多くの方から「書くほどの体験がない」という趣旨のお断りを受けたことである。同書の原稿を集めていた当時、すでに「戦場体験や軍隊体験」を執筆していただけるはずの一九二〇年代生まれの方を探すことは困難で、一九三〇年代生まれを中心にした「戦時下のくらし体験」に重点を置かざるを得なかった。それにもかかわらず、「当時田舎にいたので食べるものには困らなかったし、焼け出されもしなかったので、書くほどのことがない」という趣旨の理由で断られた方が少なくなかった。

なかには個人的事情で明らかにしたくなかった方もあったとは思われるが、当時、日本では人口の八〇パーセント近くが農村部でくらしていた事情を考慮すると、おもに都市の市街地とその至近地域で起きた「空襲」「戦災」の体験は、「少数派の体験」だったと考えざるを得ない。それはあたかも、阪神淡路大震災がおもに関西圏の一部で起きた被害であり、東日本大震災やそれにともなう福島の原子力発電所の被害が、直接の被災地は大半が海岸近くの局所であったのと似ている。新潟地震の被災地や、震災と豪雨の二重被害を受けられた熊本地方の方々の経験も同様である。

地震被害にしても原発被害にしても、被害が局所的であったから軽視してよいわけではなく、影響は全国に及んだが、全国規模で見れば直接的な被災は限られた地域のできごとであった。全国から一様に徴兵され、兵士として戦地へ赴いた体験とはその点が異なる。そうした事情を考えると、直接「空襲」を体験した罹災体験者が、可能な限り克明に体験記録を残す意義は小さくないと考えられる。

しかも、本書で取り上げた「戦災」は天災ではなく、日本が自らの「戦争」で引き寄せた結果であった。この戦争によって、兵士・民間人を問わず世界で数百万人の命が失われた。その何倍もの人たちが、言うに言えない苦労をした。本書に記録したような、戦災による弊害や異常事態も起きた。東京・上野駅の地下道などで過ごさざるを得なかった戦災孤児たちも、生死の境を生き延びる苦労をした。そうした過《あやま》ちを再び繰り返さないためにも、本書が参考になれば幸いである。

（一宮大空襲七十五年　二〇二〇年七月二十八日 記）

〔参 64〕一宮空襲と戦争を伝える会『子どもたちに伝えたい一宮空襲と戦争の記憶』マルワ　2014
〔参 65〕毎日新聞社『名古屋大空襲』毎日新聞社　1971
〔参 66〕福岡猛志『知多の歴史』松籟社　1991
〔参 67〕岩瀬彰利『令和に語り継ぐ 豊橋空襲』人間社　2020
〔参 68〕一宮市立向山小学校『創立 30 周年記念誌』同校　1968
〔参 69〕一宮市立西成小学校『西成小百年のあゆみ』同校　1995
〔参 70〕一宮市立北部中学校『創立二十周年記念 二十年の歩み』一宮市立北部中学校・一宮市立北部中学校 PTA・一宮市立北部中学校同窓会　1967
〔参 71〕一宮市立中部中学校『十年の歩み』同校　1957
〔参 72〕一宮市小中学校長会『新学制五十周年記念 一宮市立小中学校誌』同会　1998
〔参 73〕六十年の歩み編集部『六十年の歩み』愛知県立一宮高等学校同窓会　1978
〔参 74〕創立 100 周年記念実行委員会記念誌編集委員会『100 周年記念誌』愛知県立一宮高等学校　2018
〔参 75〕愛知県立一宮商業高等学校『創立 40 周年記念誌　目でみる一商 40 年の歴史』同校　1978
〔参 76〕愛知県公立高等学校長会『愛知県高校教育三十年』同会　1978
〔参 77〕青木みか・森英樹『平和をつむぐ　平和憲法を守る 9 人の手記』風媒社　2011
〔参 78〕谷田潔『学校の風景 校庭に躍り出た二宮金次郎像 一宮地区小学校の二宮像調査報告』同氏　2011
〔参 79〕一宮市立神山小学校『かみやま 22 年史展記念』同校　1970
〔参 80〕一宮女子学園三十年誌編集委員会『三十年誌』同委員会　1971
〔参 81〕『中日新聞』尾張版　2020 年 8 月 11 日
〔参 82〕江南市教育委員会・江南市史編さん委員会『江南市史 本文編』江南市　2001
〔参 83〕玉城肇『愛知県毛織物史』愛知大学中部地方産業研究所　1957
〔参 84〕日本地図センター『米国国立公文書館所蔵 米軍撮影空中写真』同センター　2015
〔参 85〕一宮市「一宮復興都市計画図」一宮市立中央図書館蔵　※発行日記載なし
〔参 86〕阿部英樹『占領期の名古屋 名古屋復興写真集』風媒社　2020
〔参 87〕松本勝二『写真集 思い出のアルバム 明治・大正の一宮』郷土出版社　1983
〔参 88〕松本勝二『写真集 思い出のアルバム 昭和の一宮』郷土出版社　1983
〔参 89〕高橋邦典『ぼくの見た戦争 2003 年イラク』ポプラ社　2003
〔参 90〕「この街は戦場だった 一宮空襲から 75 年、市民の記憶」株式会社アイ・シー・シー　2020　※映像作品
〔参 91〕早乙女勝元『東京大空襲 昭和 20 年 3 月 10 日の記録』岩波書店　1971
〔参 92〕毎日新聞社『一億人の昭和史 4 空襲・敗戦・引揚』同社　1975
〔参 93〕山口恵三『尾張一の宮私考 真清田神社の七不思議』一宮史談会　1995
〔参 94〕安保邦彦『中部の産業 構造変化と起業家たち』清文堂出版　2008
〔参 95〕内田星美『日本紡績技術の歴史』地人書館　1960
〔参 96〕篠田　弘『資料で見る教育学 改革と心の時代に向けての』福村出版　2007
〔参 97〕愛知労働基準局『愛知県工場事業場総覧』愛知県工場事業場総覧刊行会　1951

〔参 36〕全国大学生活協同組合連合会東海ブロック教職員委員会『いまだから伝えたい戦時下のこと 大学教員の戦争体験記』人間社　2012
〔参 37〕早乙女勝元『東京が燃えた日 戦争と中学生』岩波書店　1979
〔参 38〕保阪正康『若い人に語る戦争と日本人』筑摩書房　2008
〔参 39〕岩倉市平和に関する文集編集委員会『平和への誓い 市民が綴る戦争体験集』岩倉市　1998
〔参 40〕毎日新聞社『新版 戦後 50 年』同社　1995
〔参 41〕岩瀬彰利『戦前の豊橋 豊橋空襲で消えた街並み』人間社　2016
〔参 42〕日本地図センター『1945・昭和 20 年米軍に撮影された日本 空中写真に遺された戦争と空襲の証言』同センター　2015
〔参 43〕愛知東邦大学地域創造研究所『中部における福澤桃介らの事業とその時代』唯学書房　2012
〔参 44〕森靖雄『尾張・三河 明治の商店 絵解き散歩』風媒社　2020
〔参 45〕文部省『あたらしい憲法のはなし』同省　1947
〔参 46〕ノリタケ 100 年史編纂委員会『ノリタケ 100 年史』株式会社ノリタケカンパニーリミテド　2005
〔参 47〕一宮商業三十年史編集委員会『一宮商業三十年史』愛知県立一宮商業高等学校同窓会　1968
〔参 48〕愛知県立一宮商業高等学校創立 50 周年記念事業実行委員会記念誌編集委員会『創立五十周年記念誌　五十年の歩み』愛知県立一宮商業高等学校　1988
〔参 49〕日本精工『日本精工 100 年史 1916 − 2016』日本精工株式会社　2018
〔参 50〕艶金興業 100 年史編纂委員会『墨敏夫 知と技の軌跡 100 年』艶金興業株式会社　1989
〔参 51〕谷日出子『流れて夙き』谷日出子　1976
〔参 52〕岩野見司『ふるさと一宮』郷土出版社　2011
〔参 53〕一宮の歴史研究グループ『一宮の歴史』一宮の歴史研究グループ　1976
〔参 54〕一宮の歴史研究グループ『一宮の歴史 第 2 版』一宮の歴史研究グループ　1994
〔参 55〕一宮市立大志小学校『創立五十周年記念』同校　※発行日記載なし
〔参 56〕憲法 9 条を守る一宮市民の会『一宮空襲についての手記』同会　※発行日記載なし
〔参 57〕第四国民学校第 42 回（昭和 19 年卒）卒業生有志『一宮の空襲を語る』第四国民学校第 42 回（昭和 19 年卒）同期会事務局　2006
〔参 58〕「80 年のあゆみ」編集委員会『創立 80 周年記念誌「80 年のあゆみ」』一宮市立大志小学校創立 80 周年記念事業実行委員会　1984
〔参 59〕一宮市立今伊勢中学校『今伊勢 土地の人々が語り伝えるふる里 第一集』同校　1990
〔参 60〕第一復員省資料課『日本都市戦災地図』原書房　1988
〔参 61〕後藤利光『一宮こぼれ話』一宮史談会　1992
〔参 62〕松本勝二・平田伸夫『写真集 一宮・尾西・木曽川いまむかし』名古屋郷土出版社　1989
〔参 63〕安藤正夫『明治生まれの昭和史 私の履歴書』株式会社ユニテ　1990

# 参考・引用資料

〔参1〕建設省『戦災復興誌 第七巻』都市計画協会　1959
〔参2〕一宮市「第二次世界大戦々災資料調査書」1973　※手書き資料
〔参3〕一宮高等女学校「戦災復興史資料」1947　※手書き資料
〔参4〕犬飼忠雄「一宮空襲のあらまし」1980　※手書き資料
〔参5〕一宮市『空襲・戦災の体験記』一宮市　1972
〔参6〕小山仁示『米軍資料 日本空襲の全容 マリアナ基地B29部隊』東方出版　1995
〔参7〕（一宮市内各学校長）一宮戦災史編纂史料綴　1946～1947　※手書き資料
〔参8〕吉田萬次『戦災餘談』投資経済社　1954
〔参9〕伊藤一『市長おぼえ書き』一宮タイムス社　1973
〔参10〕西形久司「米軍資料からみた一宮七・一三空襲」『東海近代史研究』第17号　1995
〔参11〕田中三郎『一宮大空襲1回目は7月12日』2013
〔参12〕一宮市『新編 一宮市史 本文編 下』一宮市　1977
〔参13〕森靖雄「三菱汽船伊勢湾航路開拓過程の研究」『愛知県史研究』第16号　2012
〔参14〕太平洋戦全国空爆犠牲者慰霊協会『平和の祈り 一般戦災慰霊の記録』同会　1995
〔参15〕成城光『私の戦争と平和』文芸社　2005
〔参16〕松本勝二『公木萬記 第2集』同氏　1969
〔参17〕松本勝二『史録いちのみや』郷土出版社　1986
〔参18〕草柳大蔵『実録満鉄調査部（上・下）』朝日新聞社　1979
〔参19〕一宮市遺族会青年部『たまゆら 父の遺稿集』一宮市（再出版）　1995
〔参20〕吉川茂『一宮北中学区の昔と今』同氏　1991
〔参21〕愛知東邦大学地域創造研究所『戦時下の中部産業と東邦商業学校 下出義雄の役割』唯学書房　2010
〔参22〕森靖雄『徳川時代における市場成立の研究』一宮史談会　1964
〔参23〕一宮市『一宮市今伊勢町史』同市　1971
〔参24〕尾西市『尾西市史 通史編上巻』同市　1998
〔参25〕そぶえ九条の会『昭和史の証人に聞く』同会　2005
〔参26〕半田空襲と戦争を記録する会『知多の戦争記録 証言と戦跡』一粒書房　2018
〔参27〕半田空襲と戦争を記録する会『知多の戦争物語40話 若い世代に伝えたい戦争の話』一粒社出版部　2002
〔参28〕半田市誌編さん委員会『半田市誌別巻 半田の戦争記録』半田市　1995
〔参29〕半田空襲と戦争を記録する会『続 半田の戦争記録』愛知県半田市　2006
〔参30〕半田空襲と戦争を記録する会『半田の戦争記録 第3集』半田市　2015
〔参31〕岡崎空襲を記録する会『岡崎空襲体験記 第4集 総集編』同会　2014
〔参32〕愛知県史編さん委員会『愛知県史 通史編 近代3』愛知県　2019
〔参33〕愛知県史編さん委員会『愛知県史 資料編36現代』愛知県　2016
〔参34〕愛知県史編さん委員会『愛知県史 資料編24近代1（政治）』愛知県　2013
〔参35〕憲法9条を守る一宮市民の会『会報　一宮・9条の会』同会　2017~2020年各号

## ら



## り



## れ



## ろ



## わ

## ね



## の



## は



## ひ



## ふ

## ち



## つ



## て

## す

## こ



## さ



## し

## き



## く



## け

# 索引

## 図版・編集協力（＊順不同、敬称略）

一宮市立中央図書館
一宮市博物館
一宮市木曽川資料館
ピースあいち
豊橋市地下資源館
一宮市立宮西小学校
一宮市立貴船小学校
一宮市立神山小学校
一宮市立大志小学校
一宮市立向山小学校
一宮市立北部中学校
一宮市立中部中学校
一宮市立南部中学校
愛知県立一宮高等学校
愛知県立一宮商業高等学校
修文女子高等学校

佐藤明夫（半田空襲と戦争を記録する会）
野田清一（一宮市戦災遺族会）
平光政見（大志連区の歴史と文化を知る会）
今枝幸子
森　照雄

■著者略歴

森　靖雄（もり・やすお）

1935（昭和10）年7月、愛知県一宮市の家庭用品小売店に生まれ、家業を手伝いながら育つ。

愛知大学法経学部経済学科・同大学院経済学研究科・同大学院法学研究科修了（経済学修士・法学修士）。

愛知大学助手・研究所専任講師を経て、大阪府立商工経済研究所研究員・主任研究員、日本福祉大学経済学部教授（中小企業論担当）、東邦学園大学（現愛知東邦大学）教授（経営学部長・研究所長）。

この間、1981（昭和56）年10月、地場産業振興方法の研究で中小企業庁長官賞受賞。

長年愛知県の地方史研究に従事し、『愛知県史』近代担当専門委員。

1995～2005年、中国雲南省地域産業振興の共同研究主宰。現在は日本流通学会参与、愛知東邦大学地域創造研究所顧問、防災士。

おもな著書
『徳川時代における市場成立の研究』一宮史談会　1964
『新版 やさしい調査のコツ』大月書店　2005
『写真アルバム 知多半島の昭和』（監修）樹林舎　2012
『尾張・三河 明治の商店 絵解き散歩』（編著）風媒社　2020

など多数


# 戦時下の一宮　くらしと空襲

2021年3月18日 初版第1刷発行

著　　者　森　靖雄

編集制作　樹林舎
〒468-0052　名古屋市天白区井口1-1504-102
TEL：052-801-3144　FAX：052-801-3148
http://www.jurinsha.com/

発 行 所　株式会社人間社
〒464-0850　名古屋市千種区今池1-6-13 今池スタービル2F
TEL：052-731-2121　FAX：052-731-2122
http://www.ningensha.com/

印刷製本　モリモト印刷株式会社




ISBN 978-4-908627-60-6 C0021